建设现代化经济体系研究

JIANSHE XIANDAIHUA JINGJI TIXI YANJIU

主　编　杨　珍
副主编　丁兆庆

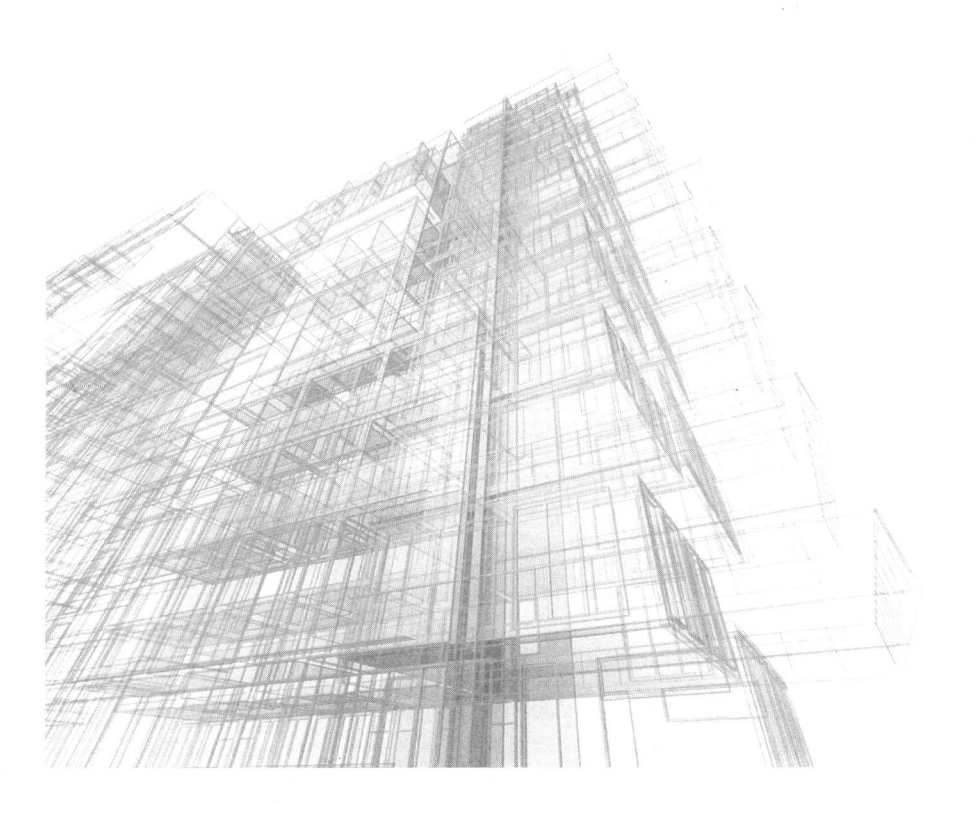

中国财经出版传媒集团
经济科学出版社
Economic Science Press

图书在版编目（CIP）数据

建设现代化经济体系研究/杨珍主编.—北京：经济科学出版社，2018.10
ISBN 978-7-5141-9887-4

Ⅰ.①建… Ⅱ.①杨… Ⅲ.①中国经济-经济体系-研究 Ⅳ.①F123

中国版本图书馆 CIP 数据核字（2018）第 245769 号

责任编辑：于海汛　陈　晨
责任校对：蒋子明
版式设计：齐　杰
责任印制：李　鹏

建设现代化经济体系研究

杨　珍　主　编
丁兆庆　副主编

经济科学出版社出版、发行　新华书店经销
社址：北京市海淀区阜成路甲 28 号　邮编：100142
总编部电话：010-88191217　发行部电话：010-88191522
网址：www.esp.com.cn
电子邮件：esp@esp.com.cn
天猫网店：经济科学出版社旗舰店
网址：http://jjkxcbs.tmall.com
北京密兴印刷有限公司印装
710×1000　16 开　11.5 印张　210000 字
2018 年 11 月第 1 版　2018 年 11 月第 1 次印刷
ISBN 978-7-5141-9887-4　定价：36.00 元
（图书出现印装问题，本社负责调换。电话：010-88191510）
（版权所有　侵权必究　打击盗版　举报热线：010-88191661
QQ：2242791300　营销中心电话：010-88191537
电子邮箱：dbts@esp.com.cn）

前　　言

新中国成立以来，特别是改革开放40年来，我国经济建设取得了举世瞩目的巨大成就。当前，我国经济总量稳居世界第二位，外汇储备位居世界第一，商品进出口总额、利用外资额和对外投资额等均位居世界前列，综合实力和国际竞争力显著提升。随着中国特色社会主义进入新时代，我国社会主要矛盾已经转化为人民日益增长的美好生活需要和不平衡不充分发展之间的矛盾。顺应人民对美好生活的新期待，必须推动我国经济发展方式转变，不断提高经济发展质量和效益。正是基于这样的时代背景，党的十九大明确提出，我国经济已由高速增长阶段转向高质量发展阶段，正处在转变发展方式、优化经济结构、转换增长动力的攻坚期，建设现代化经济体系是跨越关口的迫切要求和我国发展的战略目标。这是以习近平同志为核心的党中央站在新的历史起点上，高瞻远瞩，审时度势作出的重大战略部署。早在2014年中央经济工作会议上，习近平总书记就指出："我多次强调，以经济建设为中心是兴国之要，发展是党执政兴国第一要务，是解决我国一切问题的基础和关键。同时，我也反复强调，我们要的是有质量、有效益、可持续的发展，要的是以比较充分就业和提高劳动生产率、投资回报率、资源配置效率为支撑的发展。"因此，我们必须深刻认识建设现代化经济体的重要性，扎实推进经济建设，为确保实现"两个一百年"奋斗目标和中华民族伟大复兴中国梦奠定坚实基础。

高质量发展是强国之基、立业之本和转型之要。建设现代化经济体系，必须始终坚持质量第一、效益优先，把提质增效放在经济工作的首要位置，并融入到经济发展的各个领域和全过程，推动经济发展质量变革、效率变革和动力变革，提高劳动生产率、资本产出率和全要素生产率。坚持把经济发展着力点放在实体经济上，构建实体经济、科技创新、现代金融、人力资源协同发展的产业体系，充分发挥科技创新作为经济发展的第一动力作用，发挥金融、人力资源对产业发展的支持作用，促进实体经济做大做优做强。坚持社会主义市场经济改革方向，发挥市场在资源配置中的决定性作用，同时更好发挥政府作用，坚持简政放权、"放管服"结合，完善基本经济制度、现代市场体系和宏

建设现代化经济体系研究

观调控体系，着力构建市场机制有效、微观主体有活力、宏观调控有度的经济体制，充分调动各类市场主体自主决策、自主经营的积极性、主动性、创造性，不断增强我国经济创新力和竞争力。

基于上述认识，本书对如何建设现代化经济体系作出了有益尝试。全书共分为九章，其中，第一章为总论，分析了建设现代化经济体系的时代背景、建设现代化经济体系的重大意义及基本思路；第二章到第九章，除了包括深化供给侧结构性改革、加快建设创新型国家、实施乡村振兴战略、实施区域协调发展战略、加快完善社会主义市场经济体制、推动形成全面开放新格局等建设现代化经济体系的六项重点任务之外，还特别突出了实体经济发展和国有企业改革这两个主题。

本书在编写过程中，力求准确理解和把握党的十九大精神，紧密结合我国经济社会发展实际，对为什么建设现代化经济体系以及如何建设现代化经济体系作出系统简明的论述。本书适合于党政领导干部、理论工作者以及大中专学生阅读和参考。阅读此书，不仅有助于准确理解和把握建设现代化经济体系的相关理论，而且有助于深化对现实问题的认识。

本书是中共山东省委党校创新工程教学支撑项目（教材）成果，是集体创作的结晶。主编杨珍，副主编丁兆庆。本书由杨珍、丁兆庆设计大纲，并统改定稿。各章的作者分别是：刘跃奎（第一章）、杨珍（第二章）、丁兆庆（第三章）、孔宪香（第四章）、牛竹梅（第五章）、徐加明（第六章）、徐清照（第七章）、王金胜（第八章）、孔祥荣（第九章）。在写作过程中，虽然作者们尽了最大努力，但由于受到知识水平能力等限制，缺陷和疏漏在所难免，敬请读者批评指正。同时，我们在写作过程中也参阅了大量同行专家的研究成果，在此一并表示衷心谢意。

本书编写组
2018 年 10 月

目录

第一章 建设现代化经济体系的时代背景与战略重点 / 1
 第一节 建设现代化经济体系的时代背景 …………………………… 1
 第二节 建设现代化经济体系的重大意义 …………………………… 6
 第三节 建设现代化经济体系的基本思路 …………………………… 10
 参考文献 ……………………………………………………………… 15

第二章 深化供给侧结构性改革 / 16
 第一节 深化供给侧结构性改革的重大意义 ………………………… 16
 第二节 深化供给侧结构性改革的思路和重点 ……………………… 25
 第三节 深化供给侧结构性改革的举措 ……………………………… 33
 参考文献 ……………………………………………………………… 39

第三章 大力发展实体经济 / 41
 第一节 发展实体经济的重大意义 …………………………………… 41
 第二节 实体经济发展的思路和重点 ………………………………… 47
 第三节 推动实体经济发展的举措 …………………………………… 50
 参考文献 ……………………………………………………………… 54

第四章 加快建设创新型国家 / 56
 第一节 加快建设创新型国家的重大意义 …………………………… 56
 第二节 加快建设创新型国家的思路和重点 ………………………… 61
 第三节 加快建设创新型国家的举措 ………………………………… 66
 参考文献 ……………………………………………………………… 75

第五章　实施乡村振兴战略 / 77

第一节　实施乡村振兴战略的重大意义 ·············· 77
第二节　实施乡村振兴战略的思路和重点 ············ 83
第三节　实施乡村振兴战略的举措 ·················· 88
参考文献 ··· 98

第六章　实施区域协调发展战略 / 100

第一节　实施区域协调发展战略的重大意义 ········· 100
第二节　实施区域协调发展战略的思路和重点 ······· 104
第三节　实施区域协调发展战略的举措 ············· 110
参考文献 ·· 121

第七章　加快完善社会主义市场经济体制 / 122

第一节　加快完善社会主义市场经济体制的重大意义 ··· 122
第二节　加快完善社会主义市场经济体制的思路和重点 ··· 126
第三节　加快完善社会主义市场经济体制的举措 ····· 132
参考文献 ·· 138

第八章　深化国有企业改革 / 139

第一节　深化国有企业改革的重大意义 ············· 139
第二节　深化国有企业改革的思路和重点 ··········· 145
第三节　深化国有企业改革的举措 ················· 155
参考文献 ·· 159

第九章　推动形成全面开放新格局 / 161

第一节　推动形成全面开放新格局的重大意义 ······· 161
第二节　推动形成全面开放新格局的思路和重点 ····· 166
第三节　推动形成全面开放新格局的举措 ··········· 169
参考文献 ·· 177

第一章
建设现代化经济体系的时代背景与战略重点

建设现代化经济体系，是以习近平同志为核心的党中央从党和国家事业全局出发，着眼于实现"两个一百年"奋斗目标、实现中华民族伟大复兴的中国梦，适应中国特色社会主义进入新时代的新要求做出的重大战略决策部署。中国特色社会主义进入新时代，我国经济已由高速增长阶段转向高质量发展阶段，建设现代化经济体系是跨越关口的迫切要求和我国发展的战略目标，也是实现我国经济高质量发展的战略支撑。

第一节　建设现代化经济体系的时代背景

一、现代化经济体系的提出

（一）建设现代化经济体系的背景

党的十九大报告首次提出，我国经济已由高速增长阶段转向高质量发展阶段，正处在转变发展方式、优化经济结构、转换增长动力的攻关期，建设现代化经济体系是跨越关口的迫切要求和我国发展的战略目标。这是以习近平同志为核心的党中央从党和国家事业全局出发，着眼于实现"两个一百年"奋斗目标、顺应中国特色社会主义进入新时代的新要求做出的重大决策部署。

十九大报告提出建设现代化经济体系是跨越关口的迫切要求和我国发展的战略目标，有其深刻的时代背景。总体来看，中国特色社会主义进入新时代，这是我国发展新的历史方位，我们迎来了从站起来、富起来到强起来的伟大飞跃，迎来了实现中华民族伟大复兴的光明前景。经济发展进入新常态是我国经济发展的大逻辑，我国发展新的战略目标以及社会主要矛盾的变化，对党和国家工作提出许多新要求，其中建设现代化经济体系，就是我们跨越关口、实现宏伟目标的战略支撑。具体来讲，从实现"两个一百年"奋斗目标、实现中华民族伟大复兴的中国梦来看，在全面建成小康社会决胜期，我们必须打好防范化解重大风险、精准脱贫、污染防治三大攻坚战。从我国现代化建设两步走的战略安排来看，第一阶段，从2020年到2035年，在全面建成小康社会的基础上，再奋斗15年，基本实现社会主义现代化。第二阶段，从2035年到21世纪中叶，在基本实现现代化的基础上，再奋斗15年，把我国建成富强民主文明和谐美丽的社会主义现代化强国。无论是跨越全面建成小康社会的重要关口，还是实现社会主义现代化建设两步走的战略目标，都必须以建设现代化经济体系作为重要支撑。综观世界各国发展的经验，实现了现代化的国家都有相应的现代化经济体系作为重要支撑，正所谓国家强，经济体系必须强。从新常态我国经济发展的大逻辑来看，我国经济增长速度由高速增长转向中高速增长，发展方式从规模速度型转向质量效率型，经济结构调整从增量扩能为主转向调整存量、做优增量并重，发展动力从主要依靠投资驱动、要素驱动转向创新驱动。新常态的这些特点要求我们必须重构适应经济发展新时代要求的经济体系，因此，建设现代化经济体系是我们适应把握引领经济发展新常态的战略举措。从我国社会主要矛盾的变化来看，党的十九大报告做出"我国社会主要矛盾已经转化为人民日益增长的美好生活需要和不平衡不充分的发展之间的矛盾"的重大论断，新时代建设现代化经济体系，必须紧扣这一主要矛盾的变化，着力解决好发展不平衡不充分问题，实现高质量发展，更好满足人民日益增长的美好生活需要。从国际金融危机的启示来看，实体经济是一国经济发展的坚实基础。近年来我国实体经济发展面临着发达国家和发展中国家的双重挤压，一方面主要发达国家重新聚焦实体经济，如美国实施"再工业化"战略、德国实施"工业4.0计划"等重振制造业优势；另一方面一些新兴经济体，在我国劳动力等要素成本快速增长的阶段，依托自身低成本优势及政策吸引国际产业转移，在一些劳动密集型产品方面形成低成本竞争优势。在一段时期，受国际金融形势影响，我国社会资本"脱实向虚"的现象比较突出。因此，建设现代化经济体系，着力加快建设实体经济、科技创新、现代金融、人力资源协同发展的产业体系，实现实体经济高质量发展，就显得尤为迫切。从实体经济的地位来看，不论经济发展到什么时候，实体经济都是我国经济发展、在国际经济竞争中赢得主动的根基。

（二）建设现代化经济体系的内涵

2018年1月30日习近平总书记在主持中央政治局就建设现代化经济体系进行第三次集体学习时，特别强调，建设现代化经济体系是我国发展的战略目标，也是转变经济发展方式、优化经济结构、转换经济增长动力的迫切要求。并进一步指出，国家强，经济体系必须强。建设现代化经济体系是一篇大文章，既是一个重大理论命题，更是一个重大实践课题，需要从理论和实践的结合上进行深入探讨。

从现代化经济体系的内涵来看，现代化经济体系就是由社会经济活动各个环节、各个层面、各个领域的相互关系和内在联系构成的一个有机整体。具体来讲主要包括以下几个方面的内容：一是建设创新引领、协同发展的产业体系。这一体系的功能是实现实体经济、科技创新、现代金融、人力资源协同发展，使科技创新在实体经济发展中的贡献份额不断提高，现代金融服务实体经济的能力不断增强，人力资源支撑实体经济发展的作用不断优化。二是建设统一开放、竞争有序的市场体系。这一体系的功能是实现市场准入畅通、市场开放有序、市场竞争充分、市场秩序规范，加快形成企业自主经营公平竞争、消费者自由选择自主消费、商品和要素自由流动平等交换的现代市场体系。三是建设体现效率、促进公平的收入分配体系。这一体系的功能是实现收入分配合理、社会公平正义、全体人民共同富裕，推进基本公共服务均等化，逐步缩小收入分配差距。四是建设彰显优势、协调联动的城乡区域发展体系。这一体系的功能是实现区域良性互动、城乡融合发展、陆海统筹整体优化，培育和发挥区域比较优势，加强区域优势互补，塑造区域协调发展新格局。五是建设资源节约、环境友好的绿色发展体系。这一体系的功能是实现绿色循环低碳发展、人与自然和谐共生，牢固树立和践行绿水青山就是金山银山理念，形成人与自然和谐发展现代化建设新格局。六是建设多元平衡、安全高效的全面开放体系。这一体系的功能是发展更高层次开放型经济，推动开放朝着优化结构、拓展深度、提高效益方向转变。七是建设充分发挥市场作用、更好发挥政府作用的经济体制。这一体制的功能是实现市场机制有效、微观主体有活力、宏观调控有度。以上几个体系是统一整体，既相互联系，又功能各异，要一体建设、一体推进。[①] 习近平总书记强调，只有形成符合中国国情、具有中国特色的现

---

① 习近平：《深刻认识建设现代化经济体系重要性　推动我国经济发展焕发新活力迈上新台阶》，载《人民日报》2018年2月1日。

代化经济体系，才能更好顺应现代化发展潮流，赢得国际竞争主动，为其他领域现代化提供有力支撑，为实现人民对美好生活的向往打下更为坚实而强大的物质基础。①建设现代化经济体系，是习近平总书记对中国特色社会主义政治经济学又一个原创性的理论贡献，丰富和发展了中国特色社会主义政治经济学。

二、建设现代化经济体系的基本要求

建设现代化经济体系，是新时代我国经济建设的重大理论创新和总纲领，是基于我国社会主要矛盾变化和国际国内经济形势发展新特点提出的战略目标。实现这一战略目标，其基本要求是，必须坚持质量第一、效益优先，以供给侧结构性改革为主线，推动经济发展质量变革、效率变革、动力变革，提高全要素生产率，着力加快建设实体经济、科技创新、现代金融、人力资源协同发展的产业体系，着力构建市场机制有效、微观主体有活力、宏观调控有度的经济体制，不断增强我国经济创新力和竞争力。

（一）坚持质量第一、效益优先，以供给侧结构性改革为主线

坚持质量第一、效益优先，以供给侧结构性改革为主线，是建设现代化经济体系的必然要求。高质量发展是强国之基、立业之本和转型之要，提高质量效率效益是发展的永恒主题。中国特色社会主义进入了新时代，这是我国发展新的历史方位。我国经济发展也进入了新时代，基本特征就是我国经济已由高速增长阶段转向高质量发展阶段。可以说，坚持质量第一、效益优先，是适应我国经济发展进入新时代实现高质量发展的基本要求。以供给侧改革为主线，加大推进供给侧结构性改革的力度，特别是深入推进"三去一降一补"，是解决中国经济深层次矛盾和问题，进而实现我国经济高质量发展的重大改革举措。

（二）推动经济发展质量变革、效率变革、动力变革，提高全要素生产率

推动经济发展质量变革、效率变革、动力变革，提高全要素生产率，是建设现代化经济体系、推动经济实现高质量发展的必然要求，是我国转变经济发

---

① 中共中央宣传部：《习近平新时代中国特色社会主义思想三十讲》，学习出版社2018年版，第143页。

展方式、优化经济结构、转换增长动力的重要内容。所谓质量变革，就是从产品到服务，从生产、流通到消费各环节，从生产方式到生活方式，从微观、中观到宏观各领域、各层面，全面提高国民经济的整体素质和质量。它涉及理念、目标、制度、运行等全方位变革。要把提高供给体系质量作为主攻方向，在一些重要领域和关键环节，坚持国际先进质量标准，全面开展质量提升行动，显著增强我国经济质量优势，使中国制造和中国服务成为高质量的标志；推动企业和产品优胜劣汰，资源向优质企业和产品集中，通过充分有效的市场竞争，逐步形成一批具有国际竞争力的高质量品牌企业和产品；营造有利于创新的环境，推动和优化创新要素的流动和集聚，让创新要素成为产品和服务质量提高的强大动力；把绿色发展作为质量提高的重要内容，从消费、生产、流通、投资到生活方式，加快全方位的绿色转型，使绿色低碳成为高质量产品和服务的重要特征。[①] 效率变革，就是要进一步提高投入产出的效率，包括整个国民经济运行的整体效率。从开展市场竞争提高效率方面来看，要加大行政性垄断领域的改革力度，重点在石油天然气、电力、铁路、电信、金融等行业引入竞争机制，加快提高效率，同时，全面降低实体经济运营成本，提高实体经济运行效率。从优化要素组合提高效率方面来看，在要素市场上，要进一步完善要素进入和退出机制，使高效要素进得来，低效要素退得出，通过生产要素的合理流动和优化组合、企业兼并重组、产业转型升级，全面提高经济的投入产出效率。动力变革，就是以创新为引领，通过发展新技术、新产业、新业态、新模式，实现产业智慧化、智慧产业化、跨界融合化、品牌高端化，加快推动新旧动能转换。从劳动力要素来看，动力变革，就是要在劳动力数量和成本优势逐步减弱后，适应高质量、高效率现代化经济体系建设的需要，加快劳动力数量红利到质量红利的转换。[②]

总之，我国经济发展进入高质量发展阶段以后，经济发展的高质量不可能像过去那样主要依靠传统的要素投入来支撑，而必须转向更多依靠全要素生产率的提高来支撑。在三大变革中，质量变革是主体，效率变革是主线，动力变革是基础，关键是切实、持续地提高全要素生产率。[③] 同样，实现上述三大变革，达到提高全要素生产率的目的，必须建立现代化经济体系，以现代化经济体系为战略引领和体制机制保障，并且为三大变革提供有效载体和平台。

[①] 刘世锦：《推动经济发展质量变革、效率变革、动力变革》，引自《党的十九大报告辅导读本》，人民出版社2017年版，第184页。

[②③] 刘世锦：《推动经济发展质量变革、效率变革、动力变革》，引自《党的十九大报告辅导读本》，人民出版社2017年版，第185页。

（三）着力加快建设实体经济、科技创新、现代金融、人力资源协同发展的产业体系

着力加快建设实体经济、科技创新、现代金融、人力资源协同发展的产业体系，是建设现代化经济体系的重要内容和必然要求。实体经济是一国经济的立身之本，是财富创造的根本源泉，是国家强盛的重要支柱，也是建设现代化经济体系的坚实基础；科技创新是经济发展的第一动力；现代金融是现代经济的血脉；人力资源是世界上最宝贵的资源，是第一资源。把科技创新、现代金融、人力资源这些优质生产要素组合起来，协同投入实体经济，这种创新的要素组合方式，必将进一步放大每种要素的功能，形成一种强大合力，推动技术进步，产业优化升级，进而推动实体经济高质量发展，在良性互动的产业体系建设中，不断巩固现代化经济体系的坚实基础。

（四）着力构建市场机制有效、微观主体有活力、宏观调控有度的经济体制

建设现代化经济体系，必须坚持社会主义市场经济改革方向，使市场在资源配置中起决定性作用和更好发挥政府作用。在建设现代化经济体系过程中，进一步明确经济体制改革必须以完善产权制度和要素市场化配置为重点，实现产权有效激励、要素自由流动、价格反应灵活、竞争公平有序、企业优胜劣汰。在更好发挥政府作用方面，要加大"放管服"改革力度，进一步激发和释放市场活力，进一步培育更有活力的市场微观主体。同时还要不断创新宏观调控方式，实施正确有效的宏观经济政策，采取区间调控、定向调控、相机调控、精准调控等措施，保持我国经济运行在合理区间。可以说，构建市场机制有效、微观主体有活力、宏观调控有度的经济体制，既是建设现代化经济体系的重要内容和基本要求，也是实现我国经济高质量发展、使市场在资源配置中起决定性作用和更好发挥政府作用的重要体制保障。

第二节　建设现代化经济体系的重大意义

一、建设现代化经济体系是全面建设社会主义现代化国家的重大任务

党的十九大报告准确把握中国特色社会主义进入新时代的新的历史方位，

强调从十九大到二十大，是"两个一百年"奋斗目标的历史交汇期，我们既要全面建成小康社会、实现第一个百年奋斗目标，又要乘势而上开启全面建设社会主义现代化国家新征程，向第二个百年奋斗目标进军。从现在到2020年，是全面建成小康社会决胜期；从2020年到2035年，在全面建成小康社会的基础上，再奋斗15年，基本实现社会主义现代化；从2035年到21世纪中叶，在基本实现现代化的基础上，再奋斗15年，把我国建成富强民主文明和谐美丽的社会主义现代化强国。实现上述每一个阶段的奋斗目标，都要求我们必须牢牢扭住经济建设这个中心，坚定不移把发展作为党执政兴国的第一要务，加快形成先进的生产力，构建与奋斗目标相适应的经济基础。从目前我国经济基础来看，经济总量2017年年底达到827122亿元，经济增速截至2018年上半年已连续12个季度保持在6.7%~6.9%中高速增长区间。但当前我国经济"大而不强"的特征仍然十分突出。从微观层面来看，与发达国家相比，要素配置的效率还不够高，特别是优质要素资源如技术、人力资本、管理、创新等以及新生产要素资源如知识、数据、信息等配置效率还有待于进一步提高。从中观层面来看，传统产业体系仍占很大比重，而引领新时代经济发展的现代产业体系包括新业态、新模式等发展相对滞后。从宏观层面来看，统筹城乡、区域、陆地和海洋、国内发展和对外开放等形成合力发展的制度体系有待于进一步建设。因此，通过加快建设现代化经济体系，实现微观层面优质要素资源以及新生产要素资源合理流动、加快组合、高效配置；实现中观层面现代产业发展加快提升和有效聚集，新产业、新业态、新模式不断涌现；实现宏观层面各方面力量有效整合，良性互动，充分发挥其放大社会生产力的乘数效应，为社会主义现代化建设各个阶段目标的实现奠定坚实的经济基础和物质保障，就显得尤为迫切。

二、建设现代化经济体系是围绕我国社会主要矛盾推进经济建设的客观要求

中国特色社会主义进入新时代，我国社会主要矛盾已经由人民日益增长的物质文化需要和落后的社会生产之间的矛盾，转化为人民日益增长的美好生活需要和不平衡不充分的发展之间的矛盾。我国社会主要矛盾的变化，决定了建设现代化经济体系必须服从服务于这一社会主要矛盾的解决。党的十九大报告指出，我国稳定解决了十几亿人的温饱问题，总体上实现小康，不久将全面建成小康社会，人民美好生活需要日益广泛，不仅对物质文化生活提出了更高要

求，而且在民主、法治、公平、正义、安全、环境等方面的要求日益增长。同时，我国社会生产力水平总体上显著提高，社会生产能力在很多方面进入世界前列，更加突出的问题是发展不平衡不充分，这已经成为满足人民日益增长的美好生活需要的主要制约因素。

从社会生产方面来看，经过改革开放40年的快速发展，我国社会生产力水平总体上显著提高，社会生产能力在很多方面进入世界前列。我国国内生产总值自2010年开始稳居世界第二位，货物进出口和服务贸易总额均居世界第二位，对外投资和利用外资分别居世界第二位、第三位，基础设施建设部分领域世界领先，如高铁运营总里程、高速公路总里程和港口吞吐量均居世界第一位。工农业生产能力大幅提高，220多种主要工农业产品生产能力稳居世界第一位。

从社会需求方面来看，随着人们生活水平显著提高，对美好生活的向往更加强烈，不仅对物质文化生活提出了更高要求，而且在民主、法治、公平、正义、安全、环境等方面的要求日益增长。改革开放以来，我国人民生活水平不断迈向新台阶，人均国内生产总值从1978年的385元增长到2017年的59660元，年均增长约9.5%，已经达到中等偏上收入国家水平；城镇居民人均可支配收入和农村居民人均可支配收入分别从1978年的343.4元、133.6元提高到2017年36396元、13432元；农村贫困发生率从1978年的97.5%大幅下降到2017年的3.1%以下，远低于世界平均水平；居民受教育程度不断提高，九年义务教育全面普及，高等教育毛入学率2017年达到45.7%，高出世界平均水平近10个百分点；城乡居民健康状况显著改善，居民平均预期寿命2017年达到76.7岁，高于世界平均水平；社会保障水平极大提高，覆盖城乡的社会保障体系基本建立，等等。[①] 从国际发展经验来看，人均国内生产总值达到8000美元以后，消费者的偏好会发生变化，由更多地消费制造业产品为主转向更多地消费服务业产品为主，由对衣、食、用等基本生活必需品的消费转向追求品牌、质量、安全、健康等的消费。从居民消费升级的演进规律来看，我国居民消费更多地从生存型升级到发展型和享乐型，如2013~2016年，居民用于文化娱乐的人均消费年均增长11.5%；人均医疗保健支出2012~2016年年均增长12.6%；国内、出境旅游人次2012~2016年年均增长分别为10.7%和10.1%。[②] 随着人民生活水平不断提高，人民群众的需要呈现多样化多层次

---

① 中共中央宣传部：《习近平新时代中国特色社会主义思想三十讲》，学习出版社2018年版，第69页。

② 国家行政学院经济学教研部：《新时代中国特色社会主义政治经济学》，人民出版社2018年版，第38页。

多方面的特点。

影响满足人民美好生活需要的因素很多，但主要是发展不平衡不充分问题。发展不平衡，主要指各区域各领域各方面发展不够平衡，制约了全国发展水平提升。发展不充分，主要指一些地区、一些领域、一些方面还存在发展不足的问题，发展的任务仍然很重。从社会生产力来看，我国既有世界先进的体现现代化水平的生产力，也有大量传统的、相对落后的生产力，而且不同地区、不同领域的生产力水平和布局很不平衡。从"五位一体"总体布局来看，经济社会发展取得重大成就，但各个领域仍然存在这样那样的短板和不足。从城乡和区域发展来看，我国城市和乡村之间，东部地区、中部地区、西部地区以及东北老工业基地之间，发展水平差距仍然较大，特别是老少边穷地区以及深度贫困地区经济社会发展还比较落后。从收入分配来看，虽然我国人均国民收入在世界上处在中等偏上行列，但收入分配差距仍然较大，农村有几千万人口尚未脱贫，城市还有不少困难群众。我国收入分配不平衡，不仅表现在不同地区、不同行业、同行业不同岗位收入差距较大，还表现在财产占有上的差距不断扩大。面对我国社会主要矛盾的这些发展不平衡不充分问题，我们必须坚持创新、协调、绿色、开放、共享的新发展理念，在建设现代化经济体系进程中不断加以解决。

三、建设现代化经济体系是实现我国经济高质量发展的战略支撑

中国特色社会主义进入了新时代，基本特征就是我国经济已由高速增长阶段转向高质量发展阶段。什么是高质量发展？从新时代我国社会面临的主要矛盾来看，是有利于我国社会主要矛盾解决的发展，是能够很好满足人民日益增长的美好生活需要的发展，是有效解决不平衡不充分问题的发展；从习近平新时代中国特色社会主义经济思想的主要内容来看，是体现新发展理念引领的发展，是创新成为第一动力、协调成为内生特点、绿色成为普遍形态、开放成为必由之路、共享成为根本目的的发展；从建设现代化经济体系这一战略目标的基本要求来看，是体现质量第一、效益优先的发展。推动高质量发展是保持经济持续健康发展的必然要求；推动高质量发展是适应我国社会主要矛盾变化的必然要求，不平衡不充分发展就是发展质量不高的表现；推动高质量发展是遵循经济发展规律发展的必然要求。20世纪60年代以来，全世界100多个中等收入经济体中只有十几个成为高收入经济体。那些成功跨越中等收入陷阱的国家和地区，就是在经历高速增长阶段之后实现了经济发展从量的扩张转向质的

提高，以各自的高质量发展成功穿越了中等收入陷阱。而那些长期徘徊不前甚至倒退的国家和地区，由于缺乏科学的发展理念引领，实现不了高质量发展，难以形成跨越中等收入陷阱的强大动力；推动高质量发展是我国跨越关口的迫切要求，一方面我们必须跨越非常规的我国经济发展现阶段特有的关口，着重打好防范化解重大风险、精准脱贫、污染防治三大攻坚战，这是关系全面建成小康社会目标能否实现的重要关口。另一方面我们还必须跨越常规性的长期性关口，即大力转变经济发展方式、优化经济结构、转换增长动力，这是关系社会主义现代化目标能否实现的重要关口。

第三节 建设现代化经济体系的基本思路

一、深化供给侧结构性改革

党的十九大报告把深化供给侧结构性改革摆在贯彻新发展理念、建设现代化经济体系这一重大战略部署的第一位，充分表明深化供给侧结构性改革在建设现代化经济体系中的重要性和紧迫性。建设现代化经济体系，必须把发展经济的着力点放在实体经济上，把提高供给体系质量作为主攻方向，显著增强我国经济质量优势。实体经济是一国经济的立身之本，是财富创造的根本源泉，是国家强盛的重要支柱。一是加快建设制造强国。加快发展先进制造业，推动互联网、大数据、人工智能和实体经济深度融合，努力在中高端消费、创新引领、绿色低碳、共享经济、现代供应链、人力资本服务等领域培育新增长点、形成新动能。二是大力支持传统产业优化升级，加快发展现代服务业，瞄准国际标准提高水平。三是促进我国产业迈向全球价值链中高端，培育若干世界级先进制造业集群。四是加强水利、铁路、公路、水运、航空、管道、电网、信息、物流等基础设施网络建设。基础设施网络具有公共产品的属性，是供给体系的重要组成部分，是提高供给体系质量的基础条件，也是发展实体经济的基础体系支撑。五是坚持去产能、去库存、去杠杆、降成本、补短板，优化存量资源配置，扩大优质增量供给，实现供需动态平衡，为实体经济高质量发展创造更好的环境和条件。六是激发和保护企业家精神，鼓励更多社会主体投身创新创业，建设知识型、技能型、创新型劳动者大军，弘扬劳模精神和工匠精神，营造劳动光荣的社会风尚和精益求精的敬业风气，为提高供给体系质量、

第一章　建设现代化经济体系的时代背景与战略重点

实体经济高质量发展提供各层次人力资本保障。

二、加快建设创新型国家

创新是引领发展的第一动力，是建设现代化经济体系的战略支撑。要坚定实施创新驱动发展战略，强化创新第一动力的地位和作用，突出以科技创新引领全面创新。创新型国家的本质是依靠创新活动推动经济发展和竞争力提高，其测度指标主要体现在创新资源、知识创造、企业创新、创新绩效、创新环境等方面。[①] 实施创新驱动发展战略，必须突出科技创新对建设现代化经济体系的重要支撑引领作用。

一是瞄准世界科技前沿，强化基础研究，实现前瞻性基础研究、引领性原创成果重大突破。二是加强应用基础研究，拓展实施国家重大科技项目，突出关键共性技术、前沿引领技术、现代工程技术、颠覆性技术创新，为建设科技强国、质量强国、航天强国、网络强国、交通强国、数字中国、智慧社会提供有力支撑。三是加强国家创新体系建设，强化战略科技力量。要推动科技创新和经济社会发展深度融合，塑造更多依靠创新驱动、更多发挥先发优势的引领型发展。四是深化科技体制改革，建立以企业为主体、市场为导向、产学研深度融合的技术创新体系，加强对中小企业创新的支持，促进科技成果转化，为科技创新及其成果转化提供制度保障。五是倡导创新文化，强化知识产权创造、保护、运用，形成良好的鼓励创新的社会氛围。六是培养造就一大批具有国际水平的战略科技人才、科技领军人才、青年科技人才和高水平创新团队。创新驱动实质上是人才驱动，综合国力竞争归根到底是人才竞争。

三、实施乡村振兴战略

农业农村农民问题是关系国计民生的根本性问题，必须始终把解决好"三农"问题作为全党工作重中之重。习近平总书记强调，任何时候都不能忽视农业、不能忘记农民、不能淡漠农村；中国要强，农业必须强；中国要美，农村必须美；中国要富，农民必须富。[②] 实施乡村振兴战略，是夯实现代化经济体

[①] 王志刚：《加快建设创新型国家》，引自《党的十九大报告辅导读本》，人民出版社2017年版，第202页。

[②] 韩长赋：《大力实施乡村振兴战略》，引自《党的十九大报告辅导读本》，人民出版社2017年版，第210页。

系的重要基础。抓好乡村产业振兴、人才振兴、文化振兴、生态振兴、组织振兴，让农业成为有奔头的产业，让农民成为有吸引力的职业，让农村成为安居乐业的美丽家园。

一是坚持农业农村优先发展，按照产业兴旺、生态宜居、乡风文明、治理有效、生活富裕的总要求，建立健全城乡融合发展体制机制和政策体系，加快推进农业农村现代化。二是巩固和完善农村基本经营制度，深化农村土地制度改革，完善承包地"三权"分置制度。保持土地承包关系稳定并长久不变，第二轮土地承包到期后再延长 30 年。三是深化农村集体产权制度改革，保障农民财产权益，壮大集体经济。四是确保国家粮食安全，把中国人的饭碗牢牢端在自己手中。实施藏粮于地、藏粮于技战略，加快建设粮食生产功能区和重要农产品生产保护区，健全主产区利益补偿机制。五是构建现代农业产业体系、生产体系、经营体系，完善农业支持保护制度，发展多种形式适度规模经营，培育新型农业经营主体，健全农业社会化服务体系，实现小农户和现代农业发展有机衔接。六是促进农村第一、第二、第三产业融合发展，支持和鼓励农民就业创业，拓宽增收渠道。七是加强农村基层基础工作，健全自治、法治、德治相结合的乡村治理体系。培养造就一支懂农业、爱农村、爱农民的"三农"工作队伍。

四、实施区域协调发展战略

实施区域协调发展战略，进一步增强我国区域发展协同性，拓展区域发展新空间，是建设现代化经济体系、实现"两个一百年"奋斗目标的重大战略举措。党的十八大以来，以习近平同志为核心的党中央统筹内外、着眼全局，提出建设"一带一路"倡议和京津冀协同发展、长江经济带发展战略，推动形成东西南北纵横联动发展新格局。党的十九大报告提出今后一个时期实施区域协调发展战略的主要任务，着力提升各层面区域战略的联动性和全局性，增强区域发展的协同性和整体性，必将进一步开创我国区域协调发展新局面。[①] 实施区域协调发展战略是建设现代化经济体系的重要支撑，能够进一步优化现代化经济体系的空间布局。实施区域协调发展战略，能够推动各区域充分发挥比较优势和绝对优势，深化区际分工与加强区域协作；能够促进各类要素有序

---

① 王一鸣：《实施区域协调发展战略，党的十九大报告辅导读本》，人民出版社 2017 年版，第 216～217 页。

自由流动，提高资源空间配置效率；能够缩小基本公共服务差距，使各地群众享有均等化的基本公共服务；能够推动各地区依据主体功能定位发展，促进人口、经济和资源、环境的空间均衡，进而实现各区域更高质量、更有效率、更加公平、更可持续的发展。[1] 这对我国经济高质量发展，对建设现代化经济体系必将起到重要的战略支撑作用，能够进一步优化现代化经济体系的空间布局。

一是加大力度支持革命老区、民族地区、边疆地区、贫困地区加快发展，强化举措推进西部大开发形成新格局，深化改革加快东北等老工业基地振兴，发挥优势推动中部地区崛起，创新引领率先实现东部地区优化发展，建立更加有效的区域协调发展新机制。二是以城市群为主体构建大中小城市和小城镇协调发展的城镇格局，加快农业转移人口市民化。农业转移人口市民化是推进新型城镇化的关键，党中央提出到2020年实现约1亿农业转移人口落户城镇的目标，确保到2020年我国户籍人口城镇化率提高到45%左右。以城市群为主体构建大中小城市和小城镇协调发展的城镇格局，加快农业转移人口市民化，能够为建设现代化经济体系提供重要的战略支撑和优化的空间布局。三是以疏解北京非首都功能为"牛鼻子"推动京津冀协同发展，高起点规划、高标准建设雄安新区。推动京津冀协同发展，核心是疏解北京非首都功能，根本是要健全区域协调发展新机制。规划建设雄安新区，是以习近平同志为核心的党中央深入推进实施京津冀协同发展战略、积极稳妥有序疏解北京非首都功能的一项重大决策部署，必须坚持"世界眼光、国际标准、中国特色、高点定位"的理念，高起点规划、高标准建设，努力把雄安新区打造成为贯彻新发展理念的创新发展示范区。四是以共抓大保护、不搞大开发为导向推动长江经济带发展。实现长江上中下游互动合作和协同发展。五是支持资源型地区经济转型发展。六是加快边疆发展，确保边疆巩固、边境安全。七是坚持陆海统筹，加快建设海洋强国。要加快发展海洋经济，优化海洋产业结构，促进海洋产业成为国民经济支柱产业，为建设海洋强国奠定坚实基础。要深入实施以海洋生态系统为基础的综合管理，加大对海岸带、沿海滩涂保护和开发管理力度，统筹运用各种手段维护和拓展国家海洋权益，加快建设世界一流的海洋港口、完善的现代海洋产业体系、绿色可持续的海洋生态环境。

---

[1] 王一鸣：《实施区域协调发展战略，党的十九大报告辅导读本》，人民出版社2017年版，第217页。

五、加快完善社会主义市场经济体制

完善社会主义市场经济体制，是建设现代化经济体系的重要组成部分。坚持社会主义市场经济改革方向，使市场在资源配置中起决定性作用和更好发挥政府作用，是我们必须长期坚持的改革方针。党的十九大报告进一步明确了加快完善社会主义市场经济体制的重点任务，即经济体制改革必须以完善产权制度和要素市场化配置为重点，实现产权有效激励、要素自由流动、价格反应灵活、竞争公平有序、企业优胜劣汰。从完善产权制度来看，现代产权制度是社会主义市场经济体制的基石，其基本特征是归属清晰、权责明确、保护严格、流转顺畅，其核心是产权保护。从完善要素市场化配置来看，要素市场建设相对滞后，在很大程度上制约了劳动力、土地、资本、技术、信息等要素的自由流动，影响了要素的高效配置。因此，上述两方面经济体制改革的重点任务，也是完善现代化经济体系的制度保障。

一是完善各类国有资产管理体制，改革国有资本授权经营体制，加快国有经济布局优化、结构调整、战略性重组，促进国有资产保值增值，推动国有资本做强做优做大，有效防止国有资产流失。二是深化国有企业改革，发展混合所有制经济，培育具有全球竞争力的世界一流企业。大力实施创新驱动发展战略，鼓励国有企业以市场为导向加大创新力度，形成一批引领全球行业技术发展的领军企业；加快推进产业升级，在一些优势行业和领域，向价值链高端迈进，努力在国际市场竞争中占据有利地位，形成一批在全球产业发展中具有话语权和影响力的领军企业。[①] 三是全面实施市场准入负面清单制度，清理废除妨碍统一市场和公平竞争的各种规定和做法，支持民营企业发展，激发各类市场主体活力。四是深化商事制度改革，打破行政性垄断，防止市场垄断，加快要素价格市场化改革，放宽服务业准入限制，完善市场监管体制。五是创新和完善宏观调控，发挥国家发展规划的战略导向作用，健全财政、货币、产业、区域等经济政策协调机制。六是完善促进消费的体制机制，增强消费对经济发展的基础性作用。七是深化投融资体制改革，发挥投资对优化供给结构的关键性作用。八是加快建立现代财政制度，建立权责清晰、财力协调、区域均衡的中央和地方财政关系。九是深化金融体制改革，增强金融服务实体经济能力，提高直接融资比重，促进多层次资本市场健康发展。健全货币政策和宏观审慎

---

① 肖亚庆：《深化国有企业改革，党的十九大报告辅导读本》，人民出版社2017年版，第242页。

政策双支柱调控框架,深化利率和汇率市场化改革。健全金融监管体系,守住不发生系统性金融风险的底线。以上这些方面,既是加快完善社会主义市场经济体制的重要任务,也是完善现代化经济体系的制度保障。

六、推动形成全面开放新格局

开放带来进步,封闭必然落后。开放是国家繁荣发展的必由之路,以开放促改革、促发展,是我国现代化建设不断取得新成就的重要法宝。中国开放的大门不会关闭,只会越开越大,中国坚持对外开放的基本国策,致力于发展更高层次的开放型经济,推动形成全面开放新格局,这既是建设现代化经济体系的重要内容,也是提高现代化经济体系国际竞争力的重大举措。

一是以"一带一路"建设为重点,继续积极推进"一带一路"框架下的国际交流合作,坚持引进来和走出去并重,遵循共商共建共享原则,加强创新能力开放合作,形成陆海内外联动、东西双向互济的开放格局。二是拓展对外贸易,培育贸易新业态新模式,推进贸易强国建设。三是实行高水平的贸易和投资自由化便利化政策,全面实行准入前国民待遇加负面清单管理制度,大幅度放宽市场准入,扩大服务业对外开放,保护外商投资合法权益。四是优化区域开放布局,加大西部开放力度。赋予自由贸易试验区更大改革自主权,探索建设自由贸易港。五是创新对外投资方式,促进国际产能合作,形成面向全球的贸易、投融资、生产、服务网络,加快培育国际经济合作和竞争新优势。

参考文献

[1]《党的十九大报告辅导读本》,人民出版社2017年版。

[2] 国家行政学院经济学教研部:《新时代中国特色社会主义政治经济学》,人民出版社2017年版。

[3] 张占斌、周跃辉:《中国特色社会主义政治经济学》,湖北教育出版社2016年版。

[4] 中共中央宣传部:《习近平新时代中国特色社会主义思想三十讲》,学习出版社2018年版。

第二章
深化供给侧结构性改革

建设现代化经济体系与深化供给侧结构性改革有内在的联系，建设现代化经济体系，要以供给侧结构性改革为主线。推进和深化供给侧结构性改革，是以习近平同志为核心的党中央综合研判世界经济形势和我国经济发展大势做出的战略部署，是适应和引领经济发展新常态的重大创新，是适应国际金融危机发生后综合国力竞争新形势的主动选择。深化供给侧结构性改革，对推进"十三五"时期经济社会发展和开启全面建设社会主义现代化国家新征程，具有重大意义。2016年是供给侧结构性改革的开局之年，2017年以来，供给侧结构性改革进入深入推进阶段。

第一节 深化供给侧结构性改革的重大意义

一、供给侧结构性改革及其内涵

（一）供给侧结构性改革的提出

2015年11月10日召开中央财经领导小组第十一次会议，习近平总书记提出，"在适度扩大总需求的同时，着力加强供给侧结构性改革，着力提高供给体系质量和效率，增强经济持续增长动力，推动我国社会生产力水平实现整体跃升。"这是习总书记第一次提出供给侧结构性改革。此后，习总书记多次强调供给侧结构性改革。

2015年12月召开的中央经济工作会议提出，着力加强供给侧结构性改革，实施相互配合的五大政策支柱[①]，部署去产能、去库存、去杠杆、降成

[①] 包括宏观政策要稳、产业政策要准、微观政策要活、改革政策要实、社会政策要托底。

本、补短板五大重点任务。

2016年1月18日，习近平总书记在省部级主要领导干部学习贯彻党的十八届五中全会精神专题研讨班上的讲话①中深刻阐述供给侧结构性改革的定位、依据、目标与施策重点。强调供给侧改革"重点是解放和发展社会生产力"，"不能因为包袱重而等待、困难多而不作为、有风险而躲避、有阵痛而不前"。

2016年1月26日，在中央财经领导小组第十二次会议上，习近平总书记指出，去产能、去库存、去杠杆、降成本、补短板是工作重点，关系到供给侧结构性改革的开局、关系到"十三五"的开局。习近平总书记把这项改革形容为"十三五"时期的"衣领子""牛鼻子"，并对如何做好改革方案提出要"搞清楚"五个方面，即"搞清楚现状是什么，深入调查研究""搞清楚方向和目的是什么，把握好手段，防止就事论事甚至本末倒置""搞清楚到底要干什么，确定的任务要具体化、可操作""搞清楚谁来干，做到可督促、可检查、能问责""搞清楚怎么办，用什么政策措施来办"。

2016年全国两会期间，习近平总书记在参加湖南代表团审议时，再次就供给侧结构性改革提出新思路、新论断，要求把握好"五对关系"（"加法"和"减法"、当前和长远、力度和节奏、主要矛盾和次要矛盾、政府和市场的关系），要求"以锐意进取、敢于担当的精神状态"，"脚踏实地、真抓实干的工作作风"，打赢这场硬仗。

2016年年底的中央经济工作会议提出，供给侧结构性改革已成为当前和今后我国宏观经济政策的主线。可见，供给侧结构性改革从提出之日就进入顶层设计之中。并且，在我国改革开放进程中具有独特的历史方位：是我国经济总量稳居世界第二、已经站在全新的发展起点上，面临诸多社会主义现代化建设新目标新任务而推进的改革，是一场关系全局、关系长远的攻坚战。

（二）供给侧结构性改革的内涵及特点

供给侧的"侧"字就是"端、面"的意思，需求侧与供给侧是经济学中的两个重要概念。"三驾马车"，即投资、消费、出口，都在需求侧一边，而供给侧则更强调供给的质量与效率。需求侧一般有三个要素：消费、投资、净出口，而消费、投资、净出口等于当年的国内生产总值（GDP）。供给侧一般

---

① 习近平：《在省部级主要领导干部学习贯彻党的十八届五中全会精神专题研讨班上的讲话》，载《人民日报》2016年5月10日。

有四个要素：劳动、资本、技术、资源，这四个要素配置后经过生产形成的是下一阶段的GDP。需求是商品消费过程，供给是商品生产过程，供给与需求的关系是辩证统一的。一方面，供给与需求紧密联系、相互促进；另一方面，供给和需求又相对独立，具有各自运动的规律，二者在推动经济发展中的作用方式和条件不同。因此，供给和需求的动态平衡、相互促进，是经济良性运行的重要条件。

供给侧结构性改革是"供给侧＋结构性＋改革"组成的合成词。"供给侧"指着眼于供给端和生产端的管理和制度建设，通过对资源要素的投入方式、投入结构、企业生产成本、生产方式等方面的管理，促进资源要素有效供给、质量提升、高效配置的市场机制运行和制度建设，提高供给的质量和水平。"结构性"是立足于资源要素有效配置和供需有效匹配，通过结构性的调整来适应新的发展阶段供求的动态平衡。"改革"是改革原有制度，构建新制度，通过全面深化改革，把体制机制改革与结构调整紧密结合，形成进一步解放和发展生产力的制度保障，推动我国社会生产力水平整体跃升。

供给侧结构性改革是"供给侧＋结构性＋改革"三者的有机统一。供给侧结构性改革的出发点在供给侧，通过矫正要素配置的扭曲，提高供给质量，扩大有效供给。改革的重点是结构调整，提高供给结构对需求变化的适应性和灵活性。改革本质上是要提高全要素生产率和社会生产力水平，最终目标是更好满足广大人民群众日益增长的美好生活需要，实现以人民为中心的发展思想。

从我国改革开放历史进程看，供给侧结构性改革具有突出特点：一是更加注重改革的精准性，它是针对我国经济发展中的结构性问题而实施的改革，突出了问题导向，什么问题突出就重点改什么。二是更加注重改革的规范性。全国各省都先定改革方案再实施，是于法有据地推进改革。三是更加注重改革的系统性，强化改革政策之间、措施之间、工作之间的衔接配合、协同发力。四是更加注重改革的公开性，改革的政策、方案、措施、过程均阳光透明，接受监督。

二、深化供给侧结构性改革的理论意义

推进供给侧结构性改革，是我们党适应和引领经济发展新常态的重大创新，是习近平新时代中国特色社会主义思想的重要组成部分，是对中国特色社会主义政治经济学和社会主义市场经济理论的丰富和发展。这一理论成果，不仅有力指导中国实践，还凸显了世界意义。

第二章 深化供给侧结构性改革

(一) 是习近平新时代中国特色社会主义思想的重要内容

2015年11月以来，习近平总书记多次深入阐述供给侧结构性改革的现实依据、深刻内涵、根本目的、工作要求和科学方法，为推进供给侧结构性改革提供了科学指导和根本遵循。这些论述，思想深刻、内容丰富、体系完整。主要包括：一是供给侧结构性改革的主线地位。《中华人民共和国国民经济和社会发展第十二个五年规划纲要》提出，要以供给侧结构性改革为主线，扩大有效供给，满足有效需求。党的十九大报告强调，建设现代化经济体系，必须以供给侧结构性改革为主线，把改善供给结构作为主攻方向。显然，抓住这条"主线"，就抓住了决定经济发展的主要因素，起到纲举目张的作用。二是供给侧结构性改革的根本目的。重点是解放和发展社会生产力，用改革的办法推进结构调整，减少无效和低端供给，扩大有效和中高端供给，增强供给结构对需求变化的适应性和灵活性，最终目的是要满足人民群众的需求，落实以人民为中心的发展思想。三是供给侧结构性改革的主攻方向和主要任务。主攻方向是提高供给质量，主要任务是去产能、去库存、去杠杆、降成本、补短板。四是供给侧结构性改革的政策体系，即宏观政策要稳、微观政策要活、产业政策要准、改革政策要实、社会政策要托底。五是推进供给侧结构性改革的科学方法，即"把握好五个关系"：把握好"加法"和"减法"、当前和长远、力度和节奏、主要矛盾和次要矛盾、政府和市场的关系。这些论述和实践要求构成了习近平新时代中国特色社会主义思想的重要组成部分，形成了系统的中国供给侧结构性改革的科学理论体系。

(二) 是中国特色社会主义政治经济学的新发展

党的十八大以来，习近平总书记多次就坚持和发展马克思主义政治经济学作出重要论述。2015年11月23日，在主持中央政治局第二十八次集体学习时指出，学习马克思主义政治经济学，是为了更好指导我国经济发展实践，既要坚持其基本原理和方法论，更要同我国经济发展实际相结合，不断形成新的理论成果。2015年年底中央经济工作会议指出，坚持中国特色社会主义政治经济学的重大原则。在2016年7月8日经济形势专家座谈会上指出，坚持和发展中国特色社会主义政治经济学，要以马克思主义政治经济学为指导，总结和提炼我国改革开放和社会主义现代化建设的伟大实践经验。习总书记关于供给侧结构性改革的系统论述，就是源于我国实践的理论认识成果。比如，供给侧结构性改革中坚持以人民为中心的发展思想，这是马克思主义政治经济学的根本立场，体现了社会主义经济发展的根本目的，把增进人民福祉、促进人的全面发展、朝着共同富裕方向稳步前进作为改革的出发点和落脚点。供给侧结构性改革中关于根本任务是发展生产力的思想，这是唯物史观的根本观点，体现了社会主义制度的根本要求。供给侧结构性改革中关于适应引领新常态、转变经济发展方式、调整优化经济结构、转换经济增长动力、提高经济质量效益，是当代中国改革开放的实践探索和规律性认识的总结和概括，开拓了中国特色社会主义政治经济学新境界。这些成果，既体现了马克思主义政治经济学的基本理论和基本原则，又体现了当代中国国情和时代特点，丰富发展和完善了中国特色社会主义政治经济学理论体系。

（三）是社会主义市场经济理论的重大创新

社会主义市场经济是与社会主义基本制度相结合的市场经济。社会主义与市场经济之间的结合不是无差别无条件的结合，而是"对立统一"的有机结合。利用市场经济，同时又超越市场经济，把公有制与市场经济结合起来，是社会主义市场经济的精髓。供给侧结构性改革，遵循了市场经济的一般规律，通过市场机制的供求、竞争和价格的波动，调节生产，配置资源。同时更好发挥政府作用，包括党领导经济的路线方针政策，实现市场在资源配置中起决定性作用和更好发挥政府作用的有机统一。这既反映了市场经济的一般规律，又体现了社会主义制度的特殊要求，反映了现阶段我国经济社会发展的内在要求。

供给侧结构性改革拓展了社会主义市场经济中的协调发展理论，强调调整市场运行中的各种结构和比例关系，针对的是结构不平衡，通过改革实现平衡发展。包括两大部类的生产资料与消费资料保持平衡；供给和需求的平衡；产业结构的平衡；城乡发展的平衡；收入分配的平衡；实体经济与虚拟经济之间的平衡，等等，从而深化了社会主义市场经济的平衡增长理论，一方面，将经济的平衡增长拓展到了经济的平衡发展，着力于提高发展的协调性和平衡性；另一方面，将平衡增长理论进一步拓展到了经济建设、政治建设、文化建设、社会建设、生态文明建设的全面协调。供给侧结构性改革，既强调供给又关注需求；既突出发展社会生产力，又注重完善生产关系，这是对社会主义市场经济理论的重大创新。这一理论成果，不同于以凯恩斯主义为代表的需求决定论，也不同于以萨伊定律为核心的供给经济学。萨伊用供给创造需求、总供给会与总需求相一致的观点来否认资本主义出现生产过剩的经济危机，进而为资本主义制度辩护。我国供给侧结构性改革，也不同于里根和撒切尔主义的供给管理，他们主要强调低税收、松管制、低福利的经济政策，以供给管理取代需求管理，主张完全私有化、完全市场化。而我国供给侧结构性改革，是在"创新、协调、绿色、开放、共享"的发展新理念指导下进行的，是在继续关注总需求的前提下，着重加强供给侧改革，是更好满足人民群众的需求，促进共同富裕。这一理论成果，确立了我国进入新常态以后经济发展的着力点，明确了宏观经济管理的途径与方式，提供了有效处理供给和需求关系的手段，从而丰富和发展了社会主义市场经济理论。这表明，我们党对社会主义市场经济发展规律的认识达到了新高度。

（四）为世界经济走出困境提供了中国智慧和中国方案

2008年爆发的国际金融危机，使世界经济陷入生产过剩、贸易收缩和低速增长的困境。欧洲、美国、日本等发达国家和地区虽然采取了一系列刺激需求的措施，但效果不佳。世界经济依然经历着结构性变化，整体好转仍旧面临着巨大的不确定性。中国提出并推进的供给侧结构性改革，通过创新体制机制解决结构性问题，引导资源优化配置，增强可持续发展动能，不仅找到了解决中国经济发展深层次问题的治本良策，适应我国经济转型升级的现实要求，形成了中国模式、中国样本，而且自20国集团（G20）杭州峰会就备受关注，被认为是当前世界进行复苏和转型的重要核心引领范式，受到国际社会的普遍关注和广泛认同。因此，中国供给侧结构性改革的理论认识成果，也成为解决世界经济结构性矛盾和问题的可用药方，汇聚了从供给侧扩大内需的中国实践和经验，颠覆了以往只能从需求侧扩大内需的普遍认识，为世界经济走出困境，实现新发展提供了中国智慧和中国方案。

三、深化供给侧结构性改革的实践意义

（一）是适应我国经济发展新常态的必然选择

供给侧结构性改革与经济新常态是形势与任务的因果关系。新常态作为我国当前经济发展阶段性特征的高度概括，是对我国经济今后一个时期战略性走势的科学判断，是谋划和推动经济社会发展的重要依据。

2014年5月，习近平总书记在河南考察时首次提及中国经济进入新常态。2014年11月，习近平主席在亚洲太平洋经济合作组织（APEC）工商领导人峰会上详细阐述了中国经济进入新常态。"新常态下，我国经济发展的主要特点是：增长速度要从高速转向中高速，发展方式要从规模速度型转向质量效率

型，经济结构调整要从增量扩能为主转向调整存量、做优增量并举，发展动力要从主要依靠资源和低成本劳动力等要素投入转向创新驱动。这些变化，是我国经济向形态更高级、分工更优化、结构更合理的阶段演进的必经过程。"①

进入新常态的这些变化不以人的意志为转移，是我国经济发展阶段性特征的必然要求。进入新常态，制约我国经济发展的矛盾和问题主要是结构性的，表现为现有的供给能力与广大人民群众日益增长、不断升级和个性化的物质文化需求之间的矛盾。矛盾的主要方面和关键症结是供给侧的结构性问题，表现为无效和低端供给过剩、有效和中高端供给不足。供给侧结构性改革直接作用于生产者和劳动者，通过调整改善经济结构，影响企业成本、效率和劳动生产率；通过供给方面的成本降低、效率提升，使供给体系更好适应需求结构的变化，提高中国经济发展质量。因此，推进和深化供给侧结构性改革，就成为中国经济发展进入新常态的必然选择。

（二）是新常态下加强宏观经济管理的战略思路

供给侧和需求侧是宏观经济管理和调控的两个基本手段。需求侧管理，重在解决总量性问题，注重短期调控，主要通过调节税收、财政支出、货币信贷等来刺激或抑制需求，进而推动经济增长。供给侧管理，重在解决结构性问题，注重激发经济增长动力，主要通过优化要素配置和调整生产结构来提高供给体系质量和效率，进而推动经济增长。因此，供给侧管理和需求侧管理不是非此即彼、一去一存的替代关系，而是相互配合、协调推进。宏观调控既需要需求管理，又需要供给管理；既需要总量调控，又需要结构调控。

对于宏观调控而言，以供给侧为重点，还是以需求侧为重点，要根据宏观经济形势做出抉择。在经济发展的不同阶段，侧重点和着力点不同。总的来看，我国当前经济发展中矛盾的主要方面在供给侧。改革开放以来，我国宏观经济政策的主基调是需求侧管理，宏观经济政策基本上以需求侧管理为主。表现为，经济增长速度低了，就进行需求侧管理，从需求侧刺激投资、刺激消费、刺激出口；投资增长速度高了，就压缩投资、压缩消费、压缩出口。当前和今后一个时期，要"在适度扩大总需求的同时，着力加强供给侧结构性改革"②，意味着宏观调控要从过去依靠需求侧管理转向依靠供给侧管理，向供

---

① 习近平：《在省部级主要领导干部学习贯彻党的十八届五中全会精神专题研讨班上的讲话》，载《人民日报》2016年5月10日。
② "习近平主持召开中央财经领导小组第十一次会议"，新华网，2015年11月10日，www.news.cn。

给侧结构性改革要新动力、新优势。推进和深化供给侧结构性改革，是针对我国宏观经济供求关系变化做出的重大决策，是经济发展新常态下宏观经济管理的战略思路，是我国宏观调控方式的深刻革命，具有长期的战略意义。

（三）是推进经济高质量发展的客观要求

从强调需求侧管理到强调供给侧结构性改革，体现了我国经济工作从注重短期经济增长向提高经济发展质量与效益的转变。经过40年的快速发展，我国经济总量已经跃居世界第二，已从低收入阶段跨入中等收入阶段，并正向高收入阶段迈进。党的十九大报告指出：我国经济已由高速增长阶段转向高质量发展阶段，正处在转变发展方式、优化经济结构、转换增长动力的攻关期。意味着经济增长速度由高速转为中高速，经济增长动力由要素驱动向创新驱动转变，经济发展方式由粗放型向集约型转变。高质量发展本身就是产品和服务高品质的发展，转变发展方式的实质是，通过优化组合各个生产要素，不断挖掘生产要素的潜力，提升生产要素的使用效率，进而推动高质量发展。

高质量发展不仅要求供给结构与需求结构相匹配，还要求供给结构在较短的时间内跟上需求结构的变化，在动态中不断满足日益增长的、不断变化的、丰富多样的需求，更要求在技术不断创新的基础上，靠新供给不断创造新需求，在供给与需求的不断满足、互相创造中实现着供需动态平衡。这些也是深化供给侧结构性改革的基本要求。因此，实现高质量发展和供给侧结构性改革有内在的一致性。

经济发展由高速增长转向高质量发展，必须引入质量和效益指标，并作为工作重心。抓住深入推进供给侧结构性改革这条主线，有助于形成高质量发展的政策体系、标准体系、绩效评价和政绩考核体系，有助于营造和优化高质量发展的制度环境。因此，深化供给侧结构性改革是实现高质量发展的客观要求和应有之义。

（四）是建设现代化经济体系的主线和关键

一般来说，主线是指在事物发展中起主导作用或统领作用的线条，是把事物发展的相关因素连接起来的关键力量。党的十九大报告把深化供给侧结构性改革作为建设现代化经济体系的主线，要求必须把发展经济的着力点放在实体经济上，把提高供给体系质量作为主攻方向，坚持质量第一、效益优先，推动经济发展质量变革、效率变革、动力变革，显著增强我国经济发展质量优势。

深化供给侧结构性改革，有助于建设现代产业体系。现代产业体系是现代化经济体系的重要内容。建设现代化经济体系，需要着力加快构建实体经济、科技创新、现代金融、人力资源协同发展的产业体系。构建这一现代产业体系，发展实体经济是核心，而供给侧结构性改革也要振兴实体经济。从劳动者来看，供给侧结构性改革着眼于提高劳动生产率，需要建设知识型、技能型、创新型劳动者大军；从企业发展来看，供给侧结构性改革着眼于提高企业竞争力，培育具有全球竞争力的世界一流企业，激发和保护企业家精神，鼓励更多社会主体投身创新创业；从产业发展来看，供给侧结构性改革要完善产业组织，优化产业结构，促进传统产业优化升级，培育新动能。这些改革举措，必将全面提高实体经济发展水平。

深化供给侧结构性改革，有助于构建"三有体制"。构建"三有体制"，即市场机制有效、微观主体有活力、宏观调控有度，是建设现代化经济体系的应有之义。而供给侧结构性改革的本质就是深化改革，加快完善社会主义市场经济体制，包括：推进国有企业改革，加快转变政府职能，深化价格、财税、金融、社保等领域的基础性改革。因此，只有以供给侧结构性改革为主线来推进现代化经济体系建设，才能构建市场机制有效、微观主体有活力、宏观调控有度的经济体制。

（五）是跨越中等收入陷阱、实现新目标的重要途径

世界银行按人均国民总收入（与人均 GDP 大致相当）把世界上的国家划分为低收入、中等收入和高收入国家三种类型，其中中等收入又分为下中等收入和上中等收入两个阶段。中等收入陷阱指的是，发展中国家人均国民总收入达到 3000 美元后，或是陷入增长与回落的循环之中，或是较长期处于增长十分缓慢、甚至停滞的状态，无法进入高收入国家的行列。第二次世界大战之后，116 个发展中国家真正从中等收入阶段跨越到高收入阶段的国家只有 15 个，其余 101 个国家没能跨越过去，反而停留在拉美漩涡、东亚泡沫、西亚北非危机当中[①]。拉美和中东的部分国家是陷入中等收入陷阱的典型。

按照世界银行的分组标准，中国在 2000 年以前处于低收入阶段，2000～2010 年处于下中等收入阶段。2010 年，中国由下中等收入国家跃升为上中等收入国家。表面上看，这只是中国人均 GDP（或人均 GNI）逐年提升造成组别上的变化，但实际上是中国进入一个新的经济发展阶段。在这一年，中国的经济总量超过了日本，成为世界上第二大经济体。进入上中等收入阶段，传统

---

① 刘伟：《供给侧结构性改革具有长期的战略意义》，载《光明日报》2017 年 1 月 12 日。

要素的优势逐步消失，大规模投入受到制约，增长速度减缓。要求尽快提高生产率，从粗放增长转向集约增长，从要素驱动转向创新驱动。实施和推进供给侧结构性改革，通过降成本和市场化来进行供给管理，"三去"是通过市场化方式降低无效供给，提高供给侧的质量和效率；"一降一补"是为了提高有效供给，提高企业生产率、投入产出率和竞争力。可见，推进和深化供给侧结构性改革，为我国跨越中等收入陷阱创造了必要条件。

我国在跨越"中等收入陷阱"后，下一个目标就是迈向"中等发达国家"。按照20世纪80年代末"三步走"的发展战略来描述，中等发达国家大约相当于2015年韩国所达到的人均国民总收入2.7万美元的水平。按照中等增长速度，剔除价格因素，2035年前后我国人均国民总收入将达到2.6万~3.0万美元（2015年价格）①。党的十九大报告已经作出了从2020年全面建成小康社会到2035年基本实现现代化，再到本世纪中叶全面建成社会主义现代化强国的战略安排，只有顺利跨越中等收入陷阱，才能向2035年基本实现现代化、2050年实现社会主义现代化强国的目标迈进。

第二节　深化供给侧结构性改革的思路和重点

一、深化供给侧结构性改革的新思路

2016年是供给侧结构性改革的开局之年。国务院及国务院办公厅先后出台20多个文件，构成了实施"三去一降一补"五大任务的政策体系。比如，在去产能方面，2016年2月4日、5日接连发布《关于钢铁行业化解过剩产能实现脱困发展的意见》《关于煤炭行业化解过剩产能实现脱困发展的意见》。此后，国务院办公厅还就建材工业、有色金属工业、石化产业三个产业的调结构、促转型、增效益也发布了指导意见。在降成本方面，2016年的8月22日，国务院发布了《降低实体经济企业成本工作方案》；6月27日，国务院办公厅发布了《关于清理规范工程建设领域保证金的通知》。这些政策都致力于降低成本，减轻企业负担。在去房地产库存方面，2016年6月3日，国务院办公

---

① 郑秉文：《拨开"中等收入陷阱"的迷雾，展望中国经济从低收入到高收入的四个发展阶段》，载《人民观察》2016年6月12日。

厅发布了《关于加快培育和发展住房租赁市场的若干意见》。在去杠杆方面，2016年10月10日，国务院发布了《关于积极稳妥降低企业杠杆率的意见》和《关于市场化银行债权转股权的指导意见》。在补短板方面，2016年以来，国务院常务会议多次聚焦该问题，部署在关键领域和薄弱环节加大补短板的工作力度，就脱贫攻坚、教育脱贫、生态环境保护等制定规划。而且，国务院还特别在创新和消费品升级方面、加快众创空间发展服务实体经济转型升级方面出台了一系列的政策措施。同时，推进市场化、法治化的债转股和企业兼并重组，推进企业效益改善和转型升级等供给侧结构性改革的体制机制也在不断创新。

2017年以来，供给侧结构性改革进入深入推进阶段。党中央提出了很多新思路、新要求，供给侧结构性改革向更广维度、更深层次、更大空间深化拓展。新思路、新要求，集中体现在2016年和2017年底的中央经济工作会议之中，对供给侧结构性改革"深入推进什么""如何深入推进"作出了全面部署。内容包括：

一是确立了深化供给侧结构性改革的战略定位。强调要深刻认识到重大结构性失衡和多年累积的体制机制问题，难以在短期内得到解决，旨在解决新常态下深层次矛盾和问题的供给侧结构性改革难以一蹴而就；要深刻认识到供给侧结构性改革是一项"攻坚克难，久久为功"的事业，必须保持战略定力，把深化供给侧结构性改革作为经济工作的核心任务和重中之重。

二是拓宽了深化供给侧结构性改革的范围和领域。2016年供给侧结构性改革，重点围绕去产能、去库存、去杠杆、降成本和补短板五大任务展开。2017年在继续深入推进"三去一降一补"的同时，还要深入推进农业供给侧结构性改革、着力振兴实体经济、促进房地产市场平稳健康发展。2017年底中央经济工作会议提出了三个转变，即：中国制造向中国创造转变、中国速度向中国质量转变、制造大国向制造强国转变。这些新思路、新要求，丰富了供给侧结构性改革的内容，更加注重农业领域的供给侧结构性改革和挤出房地产泡沫，把发展实体经济提到"振兴"的高度，深化和推进了供给侧结构性改革。

三是强化了深化供给侧结构性改革稳中求进的方法论。强调深化供给侧结构性改革，必须始终坚持稳中求进的工作总基调，兼顾改革的基础和可控性，在保持经济社会稳定的基础上，有步骤、有重点地开展各项供给侧结构性改革，避免操之过急；在坚持宏观经济政策要稳、社会政策要托底的前提下，适度扩大总需求；要适度调整供给侧结构性改革的重点，抓住改革进程中的主要矛盾。

四是重申了深化供给侧结构性改革的目标遵循。强调要把有利于增添经济发展动力的改革、有利于促进社会公平正义的改革、有利于增强人民群众获得五是明确了深化供给侧结构性改革的推进方向。2017年的供给侧结构性改革不是2016年内容和模式的简单延续和重复,而是在广度和深度上实现全面提升:在继续深化推进"三去一降一补"五大任务的基础上,把供给侧结构性改革从工业领域扩展到农业领域,从房地产库存调整扩展到房地产健康运行的基础性制度和长效机制建设上,从单纯地去杠杆扩展到着力振兴实体经济。2018年深化供给侧结构性改革,重点在"破""立""降"上下功夫。即,大力破除无效供给,推动化解过剩产能;大力培育新动能,强化科技创新,推动传统产业优化升级;大力降低实体经济成本,降低制度性交易成本,继续清理涉企收费,加大对乱收费的查处和整治力度,降低用能、物流成本[①]。

六是突出了深化供给侧结构性改革的实施路径。强调要着力减少对行政力量的依赖,更多从基础制度、标准、法治等方面来推进改革,适时推出各类基础性改革,从根本上完善市场在资源配置中起决定性作用的体制机制,深化电力、石油天然气、铁路等行业改革,以深化改革为根本途径来深化供给侧结构性改革。

二、实施五大任务的新着力点

(一) 去产能要深入推进

2016年实施供给侧结构性改革时,去产能是首要任务,其重点是去煤炭和钢铁行业的过剩产能,也包括淘汰水泥、平板玻璃等落后产能,主要目的是调优供给结构。"从2016年开始,在近年来淘汰落后钢铁产能的基础上,用5年时间再压减粗钢产能1亿~1.5亿吨","用3至5年的时间,煤炭行业再退出产能5亿吨左右、减量重组5亿吨左右"[②]。

去产能针对的是产能过剩问题。何为产能过剩?一般用产能利用率或设备利用率作为产能是否过剩的评价指标。通常,设备利用率的正常值在79%~83%,超过90%表明产能不足,如果设备开工低于79%,则说明存在产能过

[①] 参见中央经济工作会议精神相关报道:"中央经济工作会议在北京举行",载《光明日报》2017年12月21日,第1版。

[②] 参见国务院于2016年2月4日、5日先后下发的《关于钢铁行业化解过剩产能实现脱困发展的意见》及《关于煤炭行业化解过剩产能实现脱困发展的意见》。

剩现象。

去产能的关键是处置"僵尸企业"。深化供给侧结构项改革,要把处置"僵尸企业"作为重要抓手。"僵尸企业"(zombie company 或 zombie firm)一词最早出现于对 20 世纪 90 年代早期日本资产价格崩盘后漫长经济衰退的研究中,意指接受信贷补贴的企业或没有利润的借贷企业[①]。在我国,"僵尸企业"虽然没有全国统一的标准,而是由各省确定具体标准。但一般来说,"僵尸企业"是指不具有自生能力,主要依靠政府补贴、银行贷款、资本市场融资或借债而勉强维持运营或维持不下去的企业。

我国现阶段的"僵尸企业"大多分布在产能过剩行业。钢铁、水泥、电解铝等产能绝对过剩行业里有"僵尸企业",光伏、风电等相对产能过剩行业里也有,还有一部分存在于诸如服装等处于产业生命衰退期的企业之中。对于"僵尸企业",如果不及时处置,将带来严重后果。一是降低资源使用效率。"僵尸企业"都是靠"输血"生存,如果这些资源用于健康企业则能够获得更好的收益。二是破坏竞争秩序。为"僵尸企业"提供补贴和低成本信贷,本身就导致了对其他企业的不公平竞争。同时,大量"僵尸企业"的存在,加剧了产能过剩。三是放大金融风险。"僵尸企业"背负大量债务却又缺乏偿债能力,一旦一批"僵尸企业"违约,银行的不良贷款就会大幅度增加,造成一系列企业的破产倒闭,放大金融风险。

深入推进去产能。一是严格执行环保、能耗、质量、安全等相关法律法规和标准来实现产能的退出和去化。采用市场化、法治化手段,推进企业兼并重组、债务重组或破产清算。并且应尽可能多兼并重组、少破产清算。比如,鼓励行业领军企业和优质企业对本行业的"僵尸企业"进行兼并,达到既防范系统性金融风险,又提高产业集中度的目的。二是大力拓展产能国际合作新空间,鼓励支持国内相关企业主动参与国际市场竞争,通过公开公平竞争加快产业结构优化升级步伐。三是配套实施企业人员安置方案,确保相关人员安置工作落实到位。四是依靠创新驱动,在做大增量、做优存量上下功夫,切实增强去产能的针对性、实效性。

2018 年全国再压减钢铁产能 3000 万吨左右,退出煤炭产能 1.5 亿吨左右。加上之前退出的钢铁产能 1.7 亿吨,已经超出"十三五"期间 1 亿~1.5 亿吨的预期目标。2018 年再退出煤炭产能 1.5 亿吨左右,加上之前的去煤炭产能 8 亿吨,已接近压减煤炭产能 10 亿吨的目标。

---

① 黄群慧、李晓华:《"僵尸企业"的成因与处置策略》,载《光明日报》2016 年 4 月 13 日。

（二）去库存要因城施策

供给侧结构性改革中的去库存主要是去房地产库存。房地产库存不是指二手房，而是指新建住房。2016年中央经济工作会议定调："房子是用来住的，不是用来炒的"。2017年去房地产库存依然是重点内容，但在政策体系上增加了新内容：坚持分类调控和因城因地施策。深入去房地产库存，重点是解决三四线城市房地产库存过多问题。其基本思路为：

一是把去库存和促进人口城镇化结合起来，提高三四线城市和特大城市间基础设施的互联互通，提高三四线城市教育、医疗等公共服务水平，增强对农业转移人口的吸引力。

二是以满足新市民住房需求为主要出发点，扩大有效需求，打通供需通道，消化库存，稳定房地产市场。允许农业转移人口等非户籍人口在就业地落户，将公租房扩大到非户籍人口，发展租赁市场，加快建立多主体供应、多渠道保障、租购并举的住房制度。

三是抓住当前经济结构调整的机遇，充分运用市场机制和经济手段，推动相关产业落户中小城市，对进城农民工开展培训，解决其进城定居面临的就业困难等问题，让到城市购房的农民工能够尽快找到工作，能在城市长期定居。

四是完善促进房地产市场平稳健康发展的长效机制，保持房地产市场调控政策连续性和稳定性，分清中央和地方事权，实行差别化调控。

2017年以来，各地房地产政策从差异化供地，到租赁住房、共有产权住房等公共住房建设的持续推进表明，在去库存过程中已着力健全促进房地产市场平稳健康发展的长效机制，坚持"房住不炒""因城施策"方略，从而保持调控政策的定力。

（三）去杠杆要积极稳妥

供给侧结构性改革中的去杠杆主要把较高的杠杆率降下来，目的是防范和化解金融风险。高杠杆指总资产与净资产的比重，净资产等于总资产减去总负债，资产负债率越高，净资产就越低，净资产越低，总资产一定的条件下，杠杆率就越高[①]。因此，资产负债率越高，杠杆率就越高。杠杆率包括政府部门杠杆率、非金融企业杠杆率、居民部门杠杆率等。就全社会而言，如果把GDP作为收入，那么全社会的杠杆率就是各个部门的总债务之和与GDP的比值。

---

① 赵昌文、许召元：《"去产能"是经济企稳转好的重中之重》，载《人民日报》2016年3月2日。

2017年以来，去杠杆是在降低总杠杆率的前提下，把企业去杠杆作为重中之重。方式主要有：一是在企业新增融资中增大股权融资力度，适当降低债权融资的比率。二是企业通过主动处置资产降杠杆。企业利用资产价格较高的有利时机进行资产形态的转换，让资产处置所产生的收益再回到企业生产经营体系里。三是适当通过政府加杠杆来引导企业去杠杆。通过政府投资基金、政府分级基金的使用，以及政府相应置换债务的安排，帮助企业降低杠杆。

实施去杠杆，按照国务院《关于积极稳妥降低企业杠杆率的意见》，主要以市场化、法治化方式降低企业杠杆率，开展市场化债转股。市场化债转股的最大特点就是市场化和法治化，具体体现在：债转股的对象企业由市场化选择、价格市场化确定、资金市场化筹集，股权退出市场化进行。因此，市场化和法治化涵盖了债转股的整个流程。

2018年4月2日，中央财经委员会第一次会议提出新要求：要以结构性去杠杆为基本思路，分部门、分债务类型提出不同要求，地方政府和企业特别是国有企业要尽快把杠杆降下来，努力实现宏观杠杆率稳定和逐步下降①。

从改革实践来看，积极稳妥去杠杆取得初步成效，我国宏观杠杆率上升势头明显放缓。根据国际清算银行（BIS）数据，截至2016年末，我国总体杠杆率为257%。截至2017年一季度末，我国总体杠杆率为257.8%②。2017年杠杆率虽然比2016年高2.4个百分点，但增幅比2012~2016年杠杆率年均增幅低10.9个百分点。2018年一季度杠杆率比2017年高0.9个百分点，增幅比去年同期收窄1.1个百分点。可见，去杠杆初见成效，我国进入稳杠杆阶段③。

（四）降成本要多措并举

在供给侧结构性改革的降成本方面，2016年打出了组合拳，实施"六降行动"④。2017年以来，主要在减税、降费、降低要素成本上加大力度。降低各类交易成本，特别是制度性交易成本；减少审批环节，降低各类中介评估费用；降低企业用能成本；降低物流成本；提高劳动力市场灵活性，推动企业向内降本增效。具体要求是：在调整税制和优化税收结构的基础上减税降费，降低直接反映在财务报表上的企业财务成本；进一步改革社会保险制度，降低企

---

① 《研究打好三大攻坚战的思路和举措》，载《人民日报海外版》2018年4月3日。
② 卞靖："坚持以供给侧结构性改革为主线　推进经济高质量发展——2018年全国两会精神解读"，宣讲家网，2018年3月14日，www.71.cn。
③ 《刘世锦谈杠杆率趋势：住户部门杠杆率仍处较低水平》，载《北京青年报》2018年7月5日。
④ 降低制度性交易成本；降低企业税费负担；降低保险费；降低企业财务成本；降低电力价格；降低物流成本。

业人工成本；调整能源政策和价格形成机制，降低企业用能成本；改革运输和物流体制，降低企业物流成本；创新体制机制，降低企业的制度性交易成本。

目前，多措并举降成本的推进思路：把着力点放在降低实体经济的运行成本上，提高实际收益水平，拓展市场空间，支撑企业转型发展和创新发展；把减税、降费作为降低实体经济运行成本的重要举措；把降低融资成本和增强金融便利作为提振实体经济活力的重要手段；把降低各类交易成本特别是制度性交易成本，作为激发市场活动的关键措施；以收入规模、社保成本和劳动生产率为重点，有效引导劳动要素成本增速的相对回落。同时，加大政策支持力度。比如，扩大小微企业享受减半征收所得税优惠的范围，年应纳税所得额上限由30万元提高到50万元；科技型中小企业研发费用加计扣除比例也由50%提高到75%。这些政策的实施，进一步降低了科技型中小企业的负担，并对科技型中小企业的持续投入形成有效激励和支持。

（五）补短板要精准发力

供给侧结构性改革中的补短板，不仅要增加经济总量，还要经济的更高质量、更有效率、更加公平、更可持续。因此，补短板是我国经济从量到质的全面提升，是经济社会质的根本性变化[①]。

补短板从满足广大人民群众美好生活需要的角度看，包括：补农业中的短板、补制造业中的短板、补服务业中的短板、补基础设施中的短板、补生态建设中的短板、补扶贫和改善民生中的短板。

补短板的目的是要扩大有效供给，增加有效需求。因此，要从严重制约经济社会发展的重要领域和关键环节、从人民群众迫切需要解决的突出问题着手，既补硬短板，也补软短板；既补发展短板，也补制度短板。硬短板指的是生产能力和技术手段的不足，软短板指发展环境和产权保护的不足；发展短板是指产业体系和生产效率的不足，制度短板是指制度供给不足或市场在资源配置中的决定性作用发挥不足。精准发力补短板，就是坚持补硬短板和补软短板并重、补发展短板和补制度短板并举。

三、拓宽供给侧结构性改革领域

（一）深入推进农业供给侧结构性改革

农业供给侧结构性改革针对的是农业、农村、农民问题。推进农业供给侧

[①] 黄泰岩：《补短板的政治经济学分析》，载《光明日报》2016年4月27日。

结构性改革，必须在农产品供给问题上着力，核心是围绕市场需求进行生产，优化资源配置，扩大有效供给，增加供给结构的适应性和灵活性，真正形成更有效率、更有效益、更可持续的农产品供给体系。

推进农业供给侧结构性改革的关键是改革农村土地制度，赋予农户对土地的承包权、宅基地的使用权、集体经营性建设用地的所有权的商品属性，让农村土地能够作为商品进入市场，从而为土地使用权流转、劳动力流动、农民工市民化创造体制条件。

深入推进农业供给侧结构性改革，一是把增加绿色优质农产品供给放在突出位置，突出抓好农产品标准化生产、农产品品牌创建、农产品质量安全监管。二是加大农村环境突出问题综合治理力度，加大退耕还林、还湖、还草力度。三是积极稳妥推进粮食等重要农产品价格形成机制和收储制度改革。四是细化和落实承包土地"三权分置"办法，培育新型农业经营主体和服务主体。五是深化农村产权制度改革，明晰农村集体产权归属，统筹推进农村土地征收、集体经营性建设用地入市、宅基地制度改革试点。

（二）着力振兴实体经济

实体经济是强国之本、富民之基。着力振兴实体经济，一要坚持以提高质量和效益为中心，坚持创新驱动发展，扩大高质量产品和服务供给。二要推动新旧动能转换，大力发展战略性新兴产业，加快传统产业转型升级步伐。三要加快基础性制度建设，推动实现权利平等、机会平等、规则平等，使市场在资源配置中起决定性作用，为企业创造公平竞争的市场环境。四要加快要素市场化改革，消除土地、人力资本、资金、科技等要素自由流动的体制障碍。五要加快财政金融体制改革，进一步减税降费，营造公平税负环境，提高实体经济发展能力和国际竞争能力。

（三）促进房地产市场平稳健康发展

坚持"房子是用来住的、不是用来炒的"这一科学定位，让住房回归居住的属性。在思路上，中央政府主要是加快财税、金融、土地、市场体系和法律法规等基础性制度建设，地方政府主要是落实"分类指导、因城施策"调控要求，加强预期引导，完善制度，维护房地产市场稳定运行，为房地产市场长期平稳健康发展奠定坚实基础。

促进房地产市场平稳健康发展，需要强化政策保障和优化环境。一是在宏观上管住货币，微观信贷政策要支持合理自住购房，严格限制信贷流向投资投机性购房。二是在土地政策上要落实人地挂钩政策和地方政府主体责任，盘活城市闲置和低效用地。三是加快住房租赁市场立法，促进机构化、规模化租赁企业发展。四是加强住房市场监管和整顿，规范开发、销售、中介等行为。

第三节 深化供给侧结构性改革的举措

一、全方位多层次推进改革

推进和深化供给侧结构性改革，最终目的是满足需求，主攻方向是提高供给质量，根本途径是深化改革。无论是深入推进"三去一降一补"，还是推进农业供给侧结构性改革，着力振兴实体经济，促进房地产市场平稳健康发展，其根本途径还是依靠改革。

（一）全面实施要素市场化配置改革

推进供给侧结构性改革，根本途径是深化改革。要素市场化配置改革是深化供给侧结构性改革的核心问题，推进供给侧结构性改革，必须矫正要素配置的扭曲。为此，必须深化行政管理体制改革，打破垄断，健全要素市场，使价格机制真正引导资源配置。必须破除劳动力、土地、资金、能源等要素市场化配置的体制机制障碍，加快要素价格市场化改革。必须用改革的办法转变思路，推进结构调整，构建提高供给体系质量和效益的体制机制。

实现要素市场化配置，要以土地、劳动力、资本、技术的要素市场化配置改革为重点。目前，作为供给方的土地、劳动力、资本、技术等资源要素，主要通过政府行政手段来配置，存在很大弊端。一方面，政府只对要素的初始分配进行干预，并不参与企业的生产流程。一旦企业占用了要素，政府很难对企业闲置或低效利用要素的行为进行干预，企业生产效率与其所占有的要素之间不匹配，造成资源配置效率下降。另一方面，长期由政府行政手段配置要素，导致要素价格扭曲，不能灵活反映要素市场供求关系的变化和资源稀缺程度，造成企业千方百计通过非市场化方式从政府手里获取各类要素。此外，还造成要素市场建设滞后，资金、土地、劳动力等要素价格远未市场化，严重制约和影响社会主义市场经济体制的完善。

建设现代化经济体系研究

深化要素市场化配置改革，解决资源要素配置扭曲、使用效率低下问题，关键是要最大限度地减少政府对资源的直接配置，放开要素价格，让要素价格真实反映要素市场的供求变化。要素价格只有在由市场方式决定的条件下，要素价格机制才能充分发挥在资源配置中的决定性作用。只有让各类生产要素能够作为商品进入市场，让每一类市场主体都拥有获得生产要素的机会，并根据市场规则、市场价格进行竞争，引导生产要素配置到效率最高的地区部门和企业中去，才能提高资源配置效率，获得更高的经济效益。因此，激活生产要素，完善要素市场制度结构，健全要素定价机制，促进经济结构调整，成为深化供给侧结构性改革的核心和关键。

深化要素市场化配置改革，必须破除要素市场化配置障碍。第一，完善现代产权制度。健全归属清晰、权责明确、保护严格、流转顺畅的现代要素产权制度，推进产权保护法治化，依法保护各种所有制经济和各种要素主体的权益。第二，构建合理的要素价格体系，促进土地、资本和劳动力等要素资源的自由流动，提高要素配置效率。土地制度改革的核心在于确权和加速农地流转，从而提高土地使用效率；资本要素改革的核心在于降低企业成本、提升企业盈利；资源品价格改革聚焦于降低原材料成本，减税降费、加速折旧、降低财税成本；养老保险体系改革聚焦于降低人力成本。第三，加快完善要素市场体系。坚持农用地集体所有，实现土地规模经营；同时加快建立城乡统一的建设用地市场，推进农村集体经营性建设用地与国有建设用地同等入市、同权同价；推进金融、劳动力、技术等要素市场体系改革，提高要素供给弹性、流动性，提升全要素生产率。第四，加快相关体制机制改革，激发人才创新创造活力。加快破除一切妨碍人才流动和优化配置的体制机制，加快形成有利于人才成长的培养机制、有利于人尽其才的使用机制、有利于竞相成长各展其能的激励机制、有利于各类人才脱颖而出的竞争机制，从而实现人力资源、人才资源的充分有效配置，增强人力资源的内生动力。

深入推进要素市场化配置改革，需要结合实际，积极探索要素市场化配置改革的具体模式。浙江省海宁市"亩产效益"要素市场化配置改革就是积极的探索、有益的尝试。海宁市的"亩产效益"改革（2018年5月，此项改革已扩展到浙江全省范围）是建立在要素价格倒逼机制的基础上，以"亩产效益"为计量标准，通过对企业分类评估，形成对低效、落后产能的退出激励机制，使土地、电、水、环境、人才、科技等要素通过市场化配置到高效优质企业，推动了企业的转型升级。因此，海宁的"亩产效益"改革是供给侧结构性改革的生动实践，对全国来说具有典型示范意义。

第二章 深化供给侧结构性改革

(二) 多层次推进改革

在我国经济已由高速增长转向高质量发展阶段，必须把发展经济的着力点放在实体经济上，在适度扩大总需求的同时，深化供给侧结构性改革。深化供给侧结构性改革，必须推动"三大转变"，即中国制造向中国创造转变，中国速度向中国质量转变，制造大国向制造强国转变。这是一个需要多层次全方位的深化改革，才能推进的系统工程。

推进这一系统工程，从企业发展层面来看，核心是提高产品质量，通过技术进步提高产品的档次和质量。为此，一要鼓励和引导企业加强科学技术研究，加强企业技术改造，促进科技成果尽快向现实生产力转化，不断开发新产品、新材料、新工艺，全面提高产品档次和质量水平。二要适应新时代高端化、个性化、绿色化消费需求的变化，创新技术与商业模式，从而提供更高质量的产品和服务。三要抓住新一轮科技革命迅猛发展的机遇，提高企业发展的质量。企业既要有质量意识，树立质量理念，制定严格的质量管理规范，也要增强自主创新能力，加快技术进步步伐。

从产业发展层面看，核心是产业转型升级。产业结构失衡，造成了产业结构与需求结构不适应，产品过剩与供给不足并存。因此，深化供给侧结构性改革，需要调整产业结构，推动产业向中高端迈进，形成产业发展新格局。为此，一方面要发展新兴产业。目前，信息技术仍是引领经济社会进步的主要技术力量，互联网、物联网、云计算等新技术的应用，催生出一批新兴业态。应大力发展新能源、绿色和低碳技术、生命科技及生物技术。另一方面，促进传统产业转型升级。传统产业转型升级是供给侧结构性改革的关键，要坚持以市场为导向，根据技术、安全、环保、能耗等标准，加大传统产业内部整合，鼓励和引导企业从传统产业升级模式向全球价值链升级模式转变，鼓励企业打造供应链管理平台，提高自身的综合实力和核心竞争力。

从宏观政策层面看，核心是促进高质量发展。中央经济工作会议指出，供给侧结构性改革要始终向振兴实体经济发力、聚力，要高度重视"脱实向虚"的苗头，坚持以提高质量和核心竞争力为中心。因此，需要推进制度创新。一是依托科技创新，促进企业发展新产品、新材料，扩大新品种、新花色，加速老产品的更新换代。二是依托自主创新，实现从模仿创新到自主创新的转型，形成完备的技术创新体系。三是依托体制创新，进一步完善社会主义市场经济体制。建立质量效益型激励，为实现高质量发展提供有利的激励导向。四是依托战略创新，形成一系列实现高质量发展的战略支持体系。

二、根据新的实践丰富和完善五大政策

供给侧结构性改革的推进和深化，离不开五大政策支柱：宏观政策要稳、产业政策要准、微观政策要活、改革政策要实、社会政策要托底。五大政策支柱相互支撑、相互配合，旨在为推进供给侧结构性改革营造良好的环境和条件。宏观政策要稳，就是要为供给侧结构性改革营造稳定的宏观经济环境；产业政策要准，就是要准确定位供给侧结构性改革方向；微观政策要活，就是要完善市场环境、激发企业活力和消费者潜力；改革政策要实，就是要加大力度推动改革落地；社会政策要托底，就是要在深化改革中守住民生底线。

五大政策伴随供给侧结构性改革的全过程，五大政策的具体内容随着改革的深化而不断丰富和完善。从宏观政策要稳来看，主要是财政政策和货币政策要稳。目前，要加大积极的财政政策力度。实行减税政策，阶段性提高财政赤字率，加大向企业、创业者减税的力度和幅度。在适当增加必要的财政支出和政府投资的同时，主要用于弥补降税带来的财政减收，保障政府应该承担的支出责任。从货币政策来看，要实现"稳健中性"。稳健的货币政策要灵活适度，既要营造适宜的货币金融环境，降低融资成本，保持流动性合理充裕和社会融资总量适度增长，扩大直接融资比重，优化信贷结构，也要完善汇率形成机制。

从产业政策要准来看，深化供给侧结构性改革，就要推进农业现代化、加快制造强国建设、加快服务业发展、提高基础设施网络化水平，推动形成新的增长点。同时，坚持创新驱动，注重激活存量，着力补齐短板，发展实体经济，促进绿色发展。从微观政策要活来看，就是通过深化改革让企业更加有活力，进一步挖掘消费者的消费潜力。为此，既要在制度上、政策上营造宽松的市场经营和投资环境，鼓励和支持各种所有制企业创新发展，保护各种所有制企业产权和合法利益，改善企业市场预期。也要营造商品自由流动、平等交换的市场环境，破除市场壁垒和地方保护主义。从改革政策要实来看，就是要加强统筹协调，完善落实机制，调动地方积极性，允许地方进行差别化探索，发挥基层首创精神。促进各项改革举措抓实落地，使改革不断见到实效，使人民群众有更多的获得感。从社会政策要托底来看，就是要更好发挥社会保障的社会稳定器作用，保障群众基本生活，保障基本公共服务。当前处于全面建成小康社会的决胜期，打好打赢防范金融风险、精准脱贫、污染防治三大攻坚战，是社会政策要托底的重要内容。

三、切实处理好几个重大关系

2017年1月，习近平总书记在主持中共中央政治局第三十八次集体学习时强调，推进供给侧结构性改革，要处理好政府和市场的关系、短期和长期的关系、减法和加法的关系、供给和需求的关系。这四大关系切中了深入推进供给侧结构性改革中的矛盾和问题。

（一）政府和市场的关系

党的十八届三中全会提出，"经济体制改革是全面深化改革的重点，核心问题是处理好政府和市场的关系，使市场在资源配置中起决定性作用和更好发挥政府作用"。这是社会主义市场经济体制的核心问题，是经济新常态下处理政府与市场关系的基本要求。

推进和深化供给侧结构性改革，就要运用好市场这只"无形之手"和政府这只"有形之手"。深化供给侧结构性改革，必须破除行政垄断，切实减少和消除经济体系中的扭曲，让市场在资源配置中起决定性作用，通过市场价格引导资源向更富有效率的领域集中。在发挥市场在资源配置中起决定性作用的同时，也要更好地发挥政府的作用。既要遵循市场规律，善用市场机制来解决问题，也要更好地发挥政府的作用。在尊重市场规律的基础上，用改革来激发市场活力，用政策来引导市场预期，用规划明确投资方向，用法治规范市场行为。

"去产能、去库存、去杠杆、降成本、补短板"五大任务的实施，离不开市场和政府之间的密切配合。例如去产能，我国的产能过剩或多或少与政府调控有关，要解决这一问题，必须有政府的介入。需要在运用市场力量实施破产清算、兼并重组的同时，政府做好完善市场制度环境、企业债务处理、失业人员安置、协助企业开拓新的投资渠道和销售渠道等工作。政府的这种作为，是在市场决定资源配置的基础上进行的，与市场配置资源的方向一致。从供给侧结构性改革的其他任务来看，也不同程度的需要政府发挥作用。需要指出的是，处理好政府和市场的关系，应避免采用行政命令的手段，而是善于运用市场机制解决问题。

（二）短期和长期的关系

供给侧结构性改革作为我国经济发展的主线，意味着这一改革不可能一蹴而就，需要统筹短期任务和长期任务。我国经济结构中存在的矛盾和问题，尤其是深层次的结构性失衡问题，都是长期积累形成的。因此，推进供给侧结构性改革，需要长短兼顾、统筹结合。

"去产能、去库存、去杠杆、降成本、补短板"五大任务并非都是短期任务，有些需要付出长期努力。其中，去产能、去库存、去杠杆是短期需要完成的任务，或者说是有"去"的区间，不是一味地"去"下去。而降成本、补短板则不是短期能完成的，需要远近结合、统筹谋划。降成本，虽然在短期内可通过减税、企业挖潜、节约成本等见效，但从根本上看，我国一些产品的成本和价格远高于发达国家，是由于我国生产技术水平和劳动生产率低。生产技术水平低，产品的质量和档次就低；劳动生产率低，产品的成本和价格就高。要提高产品质量和档次，就需要科技创新、管理创新、制度创新，还需要不断提高职工的能力素质和操作水平。从补短板来说，开发高端产品，扩大高端产品生产能力是主要任务。这同样需要强化科技创新，需要政府、企业、科研机构相互配合、协同发力，是一个需要持续推进、久久为功的过程。因此，深化供给侧结构性改革，既要立足当前，着力解决一些突出矛盾和问题，也要着眼于长远，构建长效体制机制、重塑中长期经济增长动力，通过改革加快形成完善的体制机制。既要在战略上坚持持久战，又要在战术上打好歼灭战。战略上坚持稳中求进，搞好顶层设计，把握好节奏和力度，久久为功；战术上抓落实、干实事，注重实效。供给侧结构性改革中出现的短期阵痛是必须承受的阵痛，需要合理引导社会预期，尽量控制和减少阵痛，妥善处置企业债务，做好人员安置工作，做好社会托底工作，维护社会和谐稳定。同时，要在培育新的动力机制上做好文章、下足功夫，着力推进体制机制建设，激发市场主体内生动力和活力。

（三）减法与加法的关系

供给侧结构性改革中做减法，就是减少低端供给和无效供给，去产能、去库存、去杠杆，为经济发展留出新空间。做加法，就是扩大有效供给和中高端供给，补短板、惠民生，加快发展新技术、新产业、新产品，为经济增长培育新动力。

无论做减法，还是做加法，都需要用力得当，精准、有度。做减法不能"一刀切"，要减得准，着力去低端产能，做加法不能一拥而上，要避免"大水漫灌"，避免产生新的产能过剩和新的重复建设。要增加社会急需的公共产品和公共服务供给，缩小城乡、地区公共服务水平差距。实现调存量与优增量、推动传统产业改造升级与培育新兴产业的有机统一，振兴实体经济。要统筹部署创新链和产业链，全面提高创新能力，提升科技进步水平，提高全要素生产率。

（四）供给和需求的关系

供给和需求是一对相辅相成的概念，是市场经济关系的两个基本方面。供给强调生产，需求强调消费。生产决定消费，消费是生产的目的。没有供给，需求无法实现；没有需求，供给无从谈起。供给和需求是既对立、又统一的辩证关系，二者是经济运行的内在动力。

供给必须以需求为目标，需求又必须依赖供给，二者相互依存、互为条件，缺一不可。这就决定了供给侧结构性改革不能脱离需求一方。二者要相互配合、协调推进。过去我们强调需求管理，着力发挥"三驾马车"的作用。现在，推进和深化供给侧结构性改革，是要在适度扩大总需求的同时，推进供给侧结构性改革。因此，深化供给侧结构性改革，需要用好需求侧管理这个重要工具。一方面，供给侧结构性改革需要一定的有效需求作为前提；另一方面，需求在短期之内要适度扩张，要对经济有适当管控。供给侧改革和需求侧管理相辅相成、相得益彰，才能为供给侧结构性改革营造良好环境和条件。

参考文献

［1］陈东琪：《抓紧抓好供给侧结构性改革》，载《人民日报》2017年4月12日。

［2］高培勇：《建立与供给侧结构性改革相匹配的宏观调控体系》，载《经济日报》2017年12月18日。

［3］郝全洪：《从供需关系看供给侧结构性改革》，载《人民日报》2018年6月13日。

［4］黄群慧：《中国经济如何跨越发展阶段转换关口》，载《经济日报》2017年12月11日。

［5］黄泰岩：《补短板的政治经济学分析》，载《光明日报》2016年4月27日。

［6］李文：《实施供给侧结构性改革是治国理政的重大战略部署》，载《经济日报》2016年5月6日。

［7］刘诚：《供给侧改革助力我国跨越中等收入陷阱》，载《经济参考报》2016年6月14日。

［8］刘世锦：《拨开"中等收入陷阱"的迷雾，供给侧改革助推跨越中等收入阶段》，载《人民观察》2016年6月12日。

［9］刘伟等：《经济增长新常态与供给侧结构性改革》，载《新华文摘》2016年第9期。

［10］刘伟：《供给侧结构性改革具有长期的战略意义》，载《光明日报》2017年1月12日。

［11］刘伟：《以供给侧结构性改革为主线建设现代化经济体系》，载《人民日报》2018年1月26日。

［12］罗志军：《深刻认识和有效推进供给侧结构性改革》，载《人民日报》2016年5月16日。

［13］卫兴华：《澄清供给侧结构性改革的几个认识误区》，载《人民日报》2016年4月20日。

［14］习近平：《决胜全面建成小康社会　夺取新时代中国特色社会主义伟大胜利——在中国共产党第十九次全国代表大会上的报告》，人民出版社2017年版。

［15］习近平：《在省部级主要领导干部学习贯彻党的十八届五中全会精神专题研讨班上的讲话》，载《人民日报》2016年5月10日。

［16］曾宪奎：《经济发展新常态下的供给侧结构性改革》，载《红旗文稿》2017年4月26日。

［17］郑必坚：《让供给侧结构性改革释放强大正能量》，载《人民日报》2017年6月2日。

［18］郑秉文：《拨开"中等收入陷阱"的迷雾，展望中国经济从低收入到高收入的四个发展阶段》，载《人民观察》2016年6月12日。

第三章
大力发展实体经济

实体经济是国民经济的坚实基础。2008年金融危机爆发后，实体经济问题再次引起热议。面对实体经济发展出现的困境和问题，党的十八大报告明确指出，要"牢牢把握发展实体经济这一坚实基础"。党的十九大报告进一步提出，必须把发展经济的着力点放在实体经济上。由此可见，我们必须充分认识实体经济发展的必要性和紧迫性，努力夯实实体经济发展基础，推动实体经济高质量发展。

第一节 发展实体经济的重大意义

世界各国发展经验表明，一个国家要强大，就必须注重实体经济发展。实体经济发展水平直接关系到国民经济发展的质量和国际竞争力的状况。正如习近平总书记所指出的那样："不论经济发展到什么时候，实体经济都是我国经济发展、在国际经济竞争中赢得主动的根基。"

一、实体经济的内涵

关于什么是实体经济，目前仍然缺乏一个公认的定义。在现实生活中，不同的人也有着不同的认识。比如，有的人认为，实体经济就是从事实物生产的经济活动，因此，把实体经济看成是农业和工业的生产活动，或者是把实体经济看成是从事物质产品生产和经营的活动等。这些认识都是不全面的。我们判断某种经济活动是否属于实体经济范畴，并不是以经济活动所提供的产品属性作为依据，更不能从是否提供实物的角度来判断。而应把价值创造和价值实现作为判断实体经济的根本标准。一切创造价值的经济活动，都属于实体经济范畴。同时，那些直接为实现价值服务的经济活动也属于实体经济范畴。有鉴于此，我们认为，所谓实体经济就是指物质和精神产品的生产、流通以及直接为此提供服务所形成的经济活动。从产业的角度看，它包括第一、第二产业的全部以及绝大部分第三产业。

实体经济是与虚拟经济相对应的概念。为了更好地理解实体经济范畴，我们首先需要弄清楚虚拟资本和虚拟经济的概念。资本作为一个历史范畴，是生产力发展到一定历史阶段的产物。19世纪40年代英国银行家威·里瑟姆在《关于通货问题的通信》中最早提出了"虚拟资本"概念。他指出："汇票没有别的办法加以控制，除非防止出现货币过剩，防止出现低利息率或低贴现率，这样可以避免产生一部分汇票，并不致使汇票过度膨胀。要判断汇票有多少是来自实际的营业，例如实际的买和卖，有多少是人为地制造的，只由空头汇票构成，这是不可能的。空头汇票，是指人们在一张流通的汇票到期以前又开出另一张代替它的汇票，这样，通过单纯流通手段的制造，就制造出虚拟资本。在货币过剩和便宜的时候，我知道，这个办法被人使用到惊人的程度。"①

马克思最早对"虚拟资本"进行了系统研究，并创立了虚拟资本理论。在《资本论》第三卷中讨论信用和虚拟资本时，马克思指出："随着生息资本和信用制度的发展，一切资本好像都会增加一倍，有时甚至增加两倍，因为有各种方式使同一资本，甚至同一债权在不同的人手里以不同的形式出现。这种'货币资本'的最大部分纯粹是虚拟的。"②可见，虚拟资本是在借贷资本和银行信用制度基础上产生的。

马克思将虚拟资本区分为两种形态：一种是代表资本所有权的各种有价证券，如股票、债券等；另一种是由信用制度产生的各种信用票据，如商业汇票、银行汇票和银行券等。在马克思看来，虚拟资本产生的基础是："每一个确定的和有规则的货币收入都表现为资本的利息，而不论这种收入是不是由资本生出。"故而，"人们把虚拟资本的形成叫作资本化。人们把每一个有规则的会反复取得收入按平均利息率计算，把它算作是按这个利息率贷出的资本会提供的收入，这样就把这个收入资本化了。"③

虚拟资本之所以是虚拟的，是因为其与现实资本有着根本区别。马克思在《资本论》中把股票和国债券作为虚拟资本的典型形式。就股票和债券而言，它们反映着二重关系，一是以股票债券等形式筹集的资本进入工商企业，表现

---

① 威·里瑟姆：《关于通货问题的通信》，引自《资本论》第3卷，人民出版社1975年版，第451页。
② 马克思：《资本论》第3卷，人民出版社1975年版，第533~534页。
③ 马克思：《资本论》第3卷，人民出版社1975年版，第528~529页。

为投入生产过程的机器、厂房、原材料等现实资本，形成现实资本的运动；二是以投入企业资本的所有权凭证和债权凭证进入证券市场的虚拟资本，形成虚拟资本的运动。这里的股票和债券，只是"现实资本的纸质复本"，其本身并不具有价值。尽管虚拟资本代表着对现实资本的所有权，但持有者"不能去支配这个资本。这个资本是不能提取的。有了这种证书，只是在法律上有权索取这个资本应该获得的一部分剩余价值……现实资本存在于这种复本之外，并且不会因为由于这种复本的转手而改变所有者。"① 虚拟资本与现实资本，不仅在运动上是相互独立的，而且在价值上也是彼此分离的。投入股票的资本价值不能有双重存在，即不能"一次是作为所有权证书即股票的资本价值，另一次是作为在这些企业中实际已经投入或将要投入的资本"②，资本的价值只能存在于后一种形式。正因为如此，作为所有权证书存在的股票才成为了虚拟资本。虚拟资本可以被当作特殊商品在市场上买卖，其价格的高低取决于人们对未来收益预期的高低，与它所代表的现实资本的价值变动完全无关。虚拟资本的运动体现着资本追逐利润的本质，虚拟资本的产生以现实资本为基础，所获得的利润也源自现实资本的生产，如果虚拟资本的规模超过了现实资本规模而无节制地发展就会引发资产泡沫。

随着信用制度的日益发展，当今时代的虚拟资本，在虚拟性、虚拟程度、虚拟方式等方面已大大超越了马克思时代的虚拟资本范畴。虚拟资本的范围大大扩大，收入可以资本化的不仅包括马克思当时所指出的债券、股票，还有外汇和金融衍生工具，如金融期货、股票指数、期权等。在现代经济中，由股票衍生出股指期货，由国债衍生出国债期货等金融衍生工具，可以说是虚拟资本的虚拟资本。除此之外，房地产市场上交易的房地产，外汇市场上交易的外汇，都可能成为虚拟资本形式。③

虚拟资本的持有和交易活动构成了虚拟经济。虚拟经济是资本价值形态的独立运动，是以票据方式持有权益并交易权益所形成的经济活动。成思危曾经指出，虚拟经济是指与虚拟资本以金融系统为主要依托的循环运动有关的经济活动，货币资本不经过实体经济循环就可以取得盈利。简单地说，就是直接以钱生钱的活动。④ 虚拟经济具有高流动性、高风险性、高投机性和不稳定性的

---

① 马克思：《资本论》第3卷，人民出版社1975年版，第540页。
② 马克思：《资本论》第3卷，人民出版社1975年版，第529页。
③ 洪银兴等：《〈资本论〉的现代解析》，经济科学出版社2005年版，第305页。
④ 钟瑛：《成思危经济思想对社会主义市场经济理论的贡献》，载《中国经济时报》2015年7月31日。

特点。我们知道，实体经济是直接创造价值或者直接为实现价值服务的活动，是创造社会财富的活动。而与此相反，尽管虚拟经济是现代经济的重要组成部分，而且适度发展虚拟经济有助于推动实体经济发展，但虚拟经济活动并不创造一个价值分子，也不会增加分毫的社会财富，而只是对现有社会财富进行重新分配。这是虚拟经济与实体经济最本质的区别。此外，还特别需要注意的是，虚拟经济的过度膨胀不仅会加剧社会贫富分化，而且还会引发严重的经济泡沫。

二、大力发展实体经济的重要意义

实体经济是立国之本、强国之基。任何时候我们都不能忽视实体经济的发展。习近平总书记高度重视实体经济发展。2013年8月，习近平总书记在辽宁考察时强调："实体经济是国家的本钱，要发展制造业尤其是先进制造业，加强技术创新，加快信息化、工业化融合。"2017年4月，习近平总书记在广西视察时指出："一个国家一定要有正确的战略选择，我国是个大国，必须发展实体经济，不断推进工业现代化、提高制造业水平，不能脱实向虚"。

1. 发展实体经济是坚持马克思主义唯物史观的必然要求

马克思主义唯物史观认为，物质生产是人类社会存在和发展的基础。没有了物质生产，人类社会也就失去了发展的根基。马克思、恩格斯在《德意志意识形态》一文中指出："我们首先应当确定一切人类生存的第一个前提也就是一切历史的第一个前提，这个前提就是：人们为了能够'创造历史'，必须能够生活。但是为了生活，首先就需要衣、食、住以及其他东西。因此第一个历史活动就是生产满足这些需要的资料，即生产物质生活本身"。[1] 恩格斯在《在马克思墓前的讲话》中指出："人们首先必须吃、喝、住、穿，然后才能从事政治、科学、艺术、宗教等等；所以，直接的物质的生活资料的生产，从而一个民族或一个时代的一定的经济发展阶段，便构成基础"。[2] 由此可见，人类社会要生存和发展，就必须首先解决物质生活资料的生产和供应问题，而这离开了实体经济便无从谈起。

2. 发展实体经济是提升综合国力的必由之路

经济力是综合国力的物质基础。然而，经济力的发展和提升必须牢固建立

---

[1] 《马克思恩格斯选集》第1卷，人民出版社1995年版，第78~79页。
[2] 《马克思恩格斯选集》第3卷，人民出版社1995年版，第776页。

在实体经济的发展之上。经济学鼻祖亚当·斯密在其1776年出版的《国民财富的性质和原因的研究》一书中指出:"国民财富非由不可消费的货币财富构成,而由社会劳动每年所再生产的可消费的货物构成"。① 孙中山先生曾经深刻认识到发展实体经济对于富国强民的重要性,他指出:"实业之发展,不仅为政治进步之所必需,实亦为人道之根本。""国人苟能多一实业,则国家多一分之富矣"。② 1921年其在《实业计划》一书中不仅完整提出了实业兴国思想,更是疾呼"发展实业,乃振兴中华之本"。

马克思的劳动价值论认为,劳动是价值的唯一源泉。只有发展实体经济才能不断创造出更加丰裕的社会财富,才能不断提升经济力。尽管虚拟经济的适度发展能够促进实体经济发展,但虚拟经济具有明显的寄生性。如果脱离实体经济,虚拟经济就成了无源之水、无本之木。而且,一旦虚拟经济过度膨胀,还会产生经济泡沫,损害实体经济发展甚至引发经济危机。因此,无论是全面建成小康社会,还是实现中华民族伟大复兴,都必须牢牢建立在实体经济发展基础之上。有鉴于此,习近平总书记反复强调,我们这么一个大国要强大,要靠实体经济,不能泡沫化。

3. 发展实体经济是实现经济平稳健康发展的根本保障

只有牢牢夯实实体经济发展基础,在经济发展中我们才能掌握主动,才能确保经济平稳健康和可持续发展。2017年3月7日,习近平总书记在参加十二届全国人大五次会议辽宁代表团审议时强调,不论经济发展到什么时候,实体经济都是我国经济发展、在国际经济竞争中赢得主动的根基。

近年来,尤其是2008年金融危机爆发以来,随着虚拟经济的持续膨胀,加之实体经济往往投入成本较高、产出周期偏长、利润空间有限,众多企业竞相脱"实"向"虚",纷纷偏离甚至完全游离主业,出现了"大企业投资开发房地产,小企业买房囤积炒作"的现象。像中国重汽、海尔、海信、苏泊尔、雅戈尔等制造业龙头企业均毫无例外地涉足房地产。正如有的企业家所言,"搞实业就像啃瘦骨头,而投资房地产就像吃唐僧肉""宁炒一座楼,不开一家厂"。虚拟经济过度膨胀,严重影响了经济的健康和可持续性。

实践充分证明,大国经济唯有建立在实体经济发展的坚实基础之上,才能实现持续健康发展。经过改革开放40年来的快速发展,我国经济总量已经稳居世界第二,并且成为世界第一制造业大国,但与发达国家的制造业水平相

---

① 亚当·斯密:《国民财富的性质和原因的研究》(下卷),商务印书馆1974年版,第244页。
② 《孙中山全集》第3卷,中华书局1984年版,第19页、第332页。

比，在技术创新、质量效率、品牌服务、环境友好等方面还存在较大的差距，特别是在一些关键技术领域长期受制于人。面向未来，我们必须把提高供给质量作为主攻方向，推动质量变革、效率变革和动力变革，从追求数量、速度转向重视质量、效益，努力改造提升传统产业，加快培育壮大新兴产业，以推动实体经济高质量发展，为我国在国际经济竞争中赢得主动和长期平稳健康发展奠定坚实的基础。

4. 发展实体经济是构建现代化经济体系的坚固基石

国家强，经济体系必须强。只有全面建设现代化经济体系，才能更好顺应现代化发展潮流，才能使我国在国际竞争中真正赢得主动。而实体经济是国民经济的脊梁，是国民经济赖以存在的基础，是现代化经济体系的主体，关乎我国现代化经济体系建设的质量以及我国未来国际竞争力的状况。因此，无论任何时候，实体经济都是我国经济社会发展的根基，动摇不得；如果这个根基动摇了，那么我国经济就不可能行稳致远，也难以在激烈的国际竞争中掌握主动。为此，建设现代化经济体系，必须把实体经济放到更加突出的位置抓牢抓实抓好。

当前，尽管我国已经是全球制造业大国和世界第二大经济体，但近年来我国实体经济发展面临着发达国家和发展中国家的双重挤压，尤其是在主要发达国家重新聚焦实体经济、实施"再工业化"战略、"工业 4.0 计划"及吸引投资回流重振制造业的竞争压力，以及一些新兴经济体依托低成本优势及政策吸纳国际产业转移、建设新的"世界工厂"的大背景下，未来我国实体经济发展将面临更加激烈的市场竞争。重振以高端制造业为主体的实体经济成为当今世界各国各地区竞争的焦点，当然也必须是新时代建设现代化经济体系的着力点和主要支撑。我们必须坚定不移地把经济发展和现代化经济体系建设的着力点放在发展实体经济上，不断推动优质资源向实体经济集聚、政策举措向实体经济倾斜、工作力度向实体经济加强，不断开创我国实体经济高质量持续发展的新局面。

5. 发展实体经济是顺应国内外经济形势新变化的必然选择

实体经济是一国经济立身之本，是一国国民经济的基础。2008 年世界金融危机爆发后，发达国家纷纷提出"再工业化""实业再造""重回制造业"等战略，开始向以制造业为主体的实体经济回归。以美国为首的发达国家制定再制造业化战略，源于金融危机，但并不限于应对危机，而是有着更加深刻复杂的背景。新一轮科技革命和产业变革来势迅猛，以新一代信息技术、新能源、新材料、生物技术等为代表的新技术革命正在孕育之中，主要国家正在为抢占新技术领域的制高点谋篇布局。

2009年美国颁布了《美国创新战略：促进可持续增长和提供优良的工作机会》，将培育和发展新能源、新材料为代表的产业作为抢占新一轮国际竞争制高点的重要突破口。2010年美国制定了《奥巴马——拜登新能源计划》，提出在今后10年内投资1500亿美元，重点发展混合动力型汽车、下一代生物燃料、洁净煤技术等，力争使美国成为世界新能源产业发展的领导者。2008年法国政府宣布建立200亿欧元的（战略投资基金），主要用于对能源、汽车、航空、防务等战略企业的投资与入股。2009年日本提出了新增长战略，重点发展环保型汽车、电力汽车、医疗与护理、文化旅游和太阳能发电等产业。

新一轮产业革命与新技术突破，将重塑全球经济格局，对各国而言，均是机遇与挑战并存。发达国家试图借助再制造业化战略，在未来全球新技术、新产业竞争中占据有利地位。面对严峻复杂的国际国内经济形势，我们应更加注重发展实体经济，鼓励资金投向实体经济。在这种国际背景下，如果我们仍不重视实体经济发展，不仅我们在制造业领域的既有优势很容易失去，而且实现经济发展"稳中求进"也会失去必要支撑。

第二节 实体经济发展的思路和重点

改革开放以来，我国实体经济发展取得了举世瞩目的成就。但与此同时，也产生和累积了一系列的矛盾和问题。要强化问题意识，坚持问题导向，明确发展方向和目标，着力破解发展难题，不断夯实实体经济发展基础。

一、实体经济发展的思路

针对我国经济整体发展质量不高的现实，必须把发展经济的着力点放在如何做强做优做大实体经济的竞争力上，把提高供给体系质量作为经济发展和改革的主攻方向。

1. 推动产业结构高级化

坚持转型升级，促进产业结构调整和优化，是提升产业核心竞争力，解决我国产业发展低端锁定和产能过剩的必然选择。一是在产业结构上，坚持协调发展。积极促进三次产业协调互动、融合发展。二是在产业形态上，坚持高端发展。大力发展战略性新兴产业、先进制造业和现代服务业。三是在产业组织上，坚持集聚发展。立足实际，发挥优势，突出重点，积极培育壮大现代产业集群。为此，党的十八届五中全会提出推动我国产业迈向中高端水平。要坚持走新型工业化道路，形成以高新技术产业为先导、基础产业先进制造业为支撑、服务业全面发展的格局，加快产业转型升级，促进产业结构调整优化，培育和提升产业核心竞争力，构建现代化产业体系。

2. 推动产业发展融合化

融合化是现代产业发展的重要特征。通过产业融合，不仅可以创造新产业新业态，还可以有效拓展产业发展空间，提升产业综合竞争力。推进产业融合，主要是促进"两个融合"，即努力促进服务业与农业融合发展、促进服务业与制造业融合发展。在现代社会中，制造业的发展与服务业越来越密不可分。研究表明：一件工业品70%的附加值来自服务业。制造业与服务业融合通常有三种模式：一是结合型融合。一方面，制造业的发展需要大量服务产品投入。如市场调研、产品研发、员工培训、管理咨询和销售服务等；另一方面，服务业最终产品的提供需要大量制造业产品的支撑。如在移动通信、互联网、金融等服务提供过程中无不依赖于大量的制造业"硬件"投入。二是绑定型融合。越来越多的制造业产品必须与相应的服务业产品绑定在一起才能使用。三是延伸型融合。延伸型融合是指以体育文化产业、娱乐产业为代表的服务业引致周边衍生产品的生产需求，从而带动相关制造产业的共同发展。电影、动漫、体育赛事等能够带来大量的衍生品消费，包括服装、食品、玩具、装饰品、音像制品、工艺纪念品等实体产品。资料显示，美国电影票房一般只占到电影收入的1/3，其余则来自相关的电影衍生产品；在动漫游戏的庞大产业链中，有70%~80%的利润是依靠周边产品来实现的。

但从我国经济发展实践看，制造业与服务业的融合发展还存在着明显不足，这主要表现在以下几个方面：一是制造业低端锁定对服务业"拉力"不足；二是生产性服务业发展滞后，对现代制造业"推力"不够；三是跨行业的复合型人才对服务业"支撑力"不够；四是产业融合发展的规划和政策对服务业发展"引导力"不足。

3. 推动产业高技术化

世界新一轮科技革命和产业变革正在兴起，高新技术领域的竞争日益加剧。谁掌握技术，谁就会在全球竞争中占据主动。改革开放以来，我国产业整体发展水平有了大幅度提升，但总的看仍以中低端产业为主，技术含量普遍不高，尤其是缺少核心技术和自主知识产权，缺少核心零部件和关键装备，产业国际竞争力不强,产业附加值明显偏低。因此,我国产业发展还普遍缺乏强有力的技术支撑。目前,我国科技创新和技术进步虽然取得了举世瞩目的成就,但与发达国家相比还存在着较大差距,很多方面还亟待加强和改进。一是研发投入仍然不足。我国的研发投入在国家层面和 GDP 的比例为 2.1%,比北欧一些先进国家的 3%~3.5% 相差较远。企业研发投入更加不足,我国规模以上企业研发投入占销售收入比例为 0.9%,而发达国家一般平均都在 2% 以上;二是科技成果转化不够,贡献率有待提升。我国在核心技术、关键技术上对外依存度高达 50%,高端产品开发 70% 技术要靠外援技术,重要的零部件 80% 需要进口,一些关键的芯片甚至是 100% 依赖进口,我国每年在进口芯片上的花费远远超过进口原油的花费。①

二、实体经济发展的重点

调整优化产业结构是提升产业核心竞争力,解决我国产业发展低端锁定和产能过剩、提高实体经济发展质量和效益的必然选择。产业结构转型升级的路径和目标是:产业结构高度化、产业价值链高度化和产业加工度高度化。具体而言,推进产业结构转型升级,需要抓好以下几个方面:

1. 大力发展战略性新兴产业,引导实体经济发展的未来

战略性新兴产业是以重大技术突破和重大发展需求为基础,对经济社会全局和长远发展具有重大引领带动作用,知识技术密集、物质资源消耗少、成长潜力大、综合效益好的产业。当前要加快培育和发展节能环保、新一代信息技术、生物、高端装备制造、新能源、新材料和新能源汽车等。②通过大力发展战略性新兴产业,不断培育新的经济增长点,打造新的竞争优势,抢占未来产业发展的制高点。

2. 大力发展先进制造业,促进我国实体经济由大变强

先进制造业是相对于传统制造业而言的,是指制造业不断吸收电子信息、计算机、机械、材料以及现代管理技术等方面的高新技术成果,实现信息化、自动化、智能化、柔性化、生态化生产,取得良好经济社会和市场效果的制造业总称。发展先进制造业尤其要重视装备制造业的发展。装备制造业号称"工厂的制造者",特别是高端装备制造业,处于价值链高端和产业链的核心环节,

---

① 刘璐璐:《专家:我国核心关键技术对外依存度高达 50%》,载《经济参考报》2015 年 12 月 22 日。

② 《国务院关于加快培育和发展战略性新兴产业的决定》,2010 年 10 月 10 日。

决定着整个产业链的综合竞争力，是现代产业体系的脊梁，是推动工业转型升级的引擎，对于带动整个制造业转型升级具有战略意义。当前，在我国工业全部22个大类中，纺织品、电力装备、交通工具等七大类行业规模名列全球第一，我国已成为全球制造业第一大国，但我国制造业仍然大而不强。2015年，我国政府工作报告提出实施"中国制造2025"，推动我国由制造业大国向制造业强国迈进。2015年5月8日，国务院公布了《中国制造2025》，这是中国版的"工业4.0"规划，提出要更多依靠中国装备、依托中国品牌，实现中国制造向中国创造的转变、中国速度向中国质量的转变、中国产品向中国品牌的转变，完成中国制造由大变强的战略任务。

3. 大力发展现代服务业，提升中国实体经济发展水平

现代服务业是指以现代科学技术特别是信息网络技术为主要支撑，建立在新的商业模式、服务方式和管理方法基础上的服务产业。它既包括随着技术发展而产生的新兴服务业态，也包括运用现代技术对传统服务业的改造和提升。现代服务业是促进产业转型升级的先导性和支撑性产业，特别是生产性服务业的发展，对于促进中国发展方式转变、优化产业结构、培植核心竞争力、提升整体经济发展水平，具有战略意义。当前，应重点关注金融保险业、现代物流业、信息服务业、商务服务业、科研技术服务业、文化体育和娱乐业、居民社区服务业等生产性服务业和新兴服务业的发展。

第三节 推动实体经济发展的举措

党的十八大报告提出，要牢牢把握发展实体经济这一坚实基础，实行更加有利于实体经济发展的政策措施。结合我国实体经济发展的现实状况和当前面临的形势，夯实我国实体经济发展的基础，需要做好以下"六个坚持"。

一、坚持把再造实业精神作为必要前提

全社会要牢固树立实业为本、实业立国的理念。虽然虚拟经济的适度发展有助于实体经济发展，但必须明确，只有实体经济才是本源性的，虚拟经济以实体经济为基础，它必须在实体经济发展所需要的限度内发展，并始终服务于实体经济的发展。如果虚拟经济过度膨胀，甚至脱离实体经济自我循环，那么，不仅不能带来社会财富的有效增加，反而还会助推资产泡沫，冲击实体经

济的健康发展，甚至引发经济危机。由此可见，必须在全社会大力宣扬实业为本、实业立国理念，大力培育有利于实体经济发展的社会舆论环境，坚决遏制日益弥漫的浮躁之气、投机炒作之风，努力在全社会形成脚踏实地、勤劳创业、实业致富的社会氛围，切实尊重每一个劳动者的价值创造和创新潜能，大力褒扬每一位企业家坚守的品格和实业精神。

二、坚持把提高质量和效益作为立足点

党的十九大报告指出，建设现代化经济体系，必须把发展经济的着力点放在实体经济上，把提高供给体系质量作为主攻方向，显著增强我国经济质量优势。做强做优做大实体经济，提高供给体系质量，是解决我国经济当前关键短板的治本之策。2013年11月，习近平总书记在湖南省考察期间强调，要全面认识持续健康发展和生产总值增长的关系，防止把发展简单化为增加生产总值，一味以生产总值排名比高低、论英雄。转方式、调结构是我们发展历程必须迈过的坎，要转要调就要把速度控制在合理范围内，否则资源、资金、市场等各种关系都绷得很紧，就转不过来、调不过来。各级都要追求实实在在、没有水分的生产总值，追求有效益、有质量、可持续的经济发展。

1. 深化供给侧结构性改革

提高实体经济发展质量和效益，要紧紧抓住供给侧结构性改革这个"牛鼻子"。2016年，习近平总书记在中央经济工作会议上强调，振兴实体经济是供给侧结构性改革的主要任务，供给侧结构性改革要向振兴实体经济发力、聚力。推进供给侧结构性改革，是一场硬仗。要把握好"加法"和"减法"、当前和长远、力度和节奏、主要矛盾和次要矛盾、政府和市场的关系，紧密结合我国实体经济发展质量不高的现状，特别是低端产能过剩、高端产能不足的现实，积极推进并不断深化供给侧结构性改革，通过深入实施"三去一降一补"，坚决去除低端低质低效过剩产能，大力发展战略性新兴产业，积极改造提升传统产业，补齐创新不足短板，不断提高供给体系质量和效率，使供给更好满足需求。

2. 培育壮大现代产业集群

产业集群是现代经济的重要特征和区域竞争力的重要来源。国家竞争优势的获得，关键在于产业的竞争。而产业的发展往往取决于有竞争力的产业集群。美国哈佛大学的波特教授通过对9个经济发达国家具有国际竞争力的产业进行分析后认为，在国际市场上具有竞争优势的产品，来自一些特定地区，这

些产业在该地区总是以集群方式存在着。比如，20世纪90年代中期，美国380个地方产业群的产值达到全国总产值的60%，印度约有350个中小企业集群，出口产品占全国的60%。① 可见，推动我国实体经济发展，提升产业和国家竞争力，关键在于培育产业集群。通过产业集群化发展，发挥产业集聚效应和规模效应，提升产业发展效益和综合竞争力。就全国而言，各地区发展实体经济，要立足实际，确立适合自己的发展思路，找准重点，充分发挥自身的资源、区位等禀赋优势，走专业化、规模化、品牌化发展的路子，培育重点企业，形成特色产业，发挥品牌效应，把比较优势转化为市场优势和经济优势。

三、坚持把产业转型升级作为主攻方向

当前，我国产业大多仍处于世界产业链和价值链的低端，主要表现为：我国出口商品大多数是低技术含量、低单价、低附加值的"三低"产品，进口的则是高技术含量、高附加值和高价格的"三高"产品。比如，我国是世界第一钢铁生产大国，但高档钢材却高度依赖进口。我国产业发展水平低突出表现在：一是自主创新能力薄弱。关键共性技术缺失，企业技术创新仍主要处于跟随模仿阶段。二是基础配套能力不足。关键材料、核心零部件严重依赖进口。三是部分领域产品质量可靠性有待提升。缺少能与国外知名品牌相抗衡的自主品牌，世界装备制造业中90%的知名商标所有权掌握在发达国家手中。四是产业结构不合理。低端产能严重过剩，而高端产能明显不足。

随着我国迈入经济高质量发展阶段，必须通过产业结构高级化破解我国产业发展低端锁定和产能过剩的问题。产业结构高级化，通常有四种路径：一是推进产业由价值链低端向中高端迈进。在产业的价值链条上，包括设计、原料采购、仓储运输、订单处理、批发经营、终端零售在内的非制造环节处于整个产业利润的高端，而生产制造环节处于产业链的最低端。二是产业高技术化。高技术产业具有知识技术密集、研发人员和研发投入比重高以及资源消耗少、环境污染少等特点，对社会和经济的发展具有极为重要的意义。高新技术产业主要包括信息技术、生物技术、新材料技术三大领域。三是产业高加工度化。通过对原材料的深加工和精深加工，拉长产业链，提升价值链。四是产业高集聚化。产业集群是现代经济的重要特征和区域竞争力的重要来源。发展实体经

---

① [美]迈克尔·波特：《国家竞争优势》，中信出版社2007年版，第775页。

济，要立足本地实际，充分发挥自身的资源、区位等比较优势，培育特色产业集群，把比较优势转化为市场优势和经济优势。

四、坚持把创新驱动作为根本动力

党的十八大报告指出，科技创新是提高社会生产力和综合国力的战略支撑，必须摆在国家发展全局的核心位置。习近平总书记反复强调，创新是引领发展的第一动力。抓创新就是抓发展，谋创新就是谋未来。不创新就要落后，创新慢了也要落后。与科技发达国家相比，我国还存在着较大的差距。必须把创新摆在发展全局的核心位置，塑造更多依靠创新驱动、更多发挥先发优势的引领型发展，加快建设创新型国家。要坚持走中国特色自主创新道路，以全球视野谋划和推动创新，提高原始创新、集成创新和引进消化吸收再创新能力，更加注重协同创新。要加快建设国家创新体系，着力构建以企业为主体、市场为导向、产学研相结合的技术创新体系。要加强关键核心技术和共性技术攻关，力争在高端装备、信息网络、系统软件、关键材料、核心部件等重大领域取得突破。要着力增强创新驱动发展新动力，注重发挥企业家才能，加快科技创新，加强产品创新、品牌创新、产业组织创新、商业模式创新。坚持需求导向和产业化方向，强化基础研究和应用研究衔接融合，实施重大科技创新工程，着力突破制约产业发展的共性关键技术，研发具有自主知识产权的高端核心装备，推动"中国制造"向"中国创造""中国智造"跃升。要强化创新人才支撑，牢固树立人才是第一资源理念，打好培养、吸引、留住、用好人才的组合拳，广聚天下英才，建设人才强国。总之，要紧紧依靠科技创新，不断培育新的产业，创造新的需求，开辟新的经济增长点，突破我国产业发展在全球价值链中的低端锁定。

五、坚持把发展民营经济作为突破口

我国民营经济以中小微企业为主，主要集中在制造业、农业、服务业和高新技术产业等实体经济领域，其发展状况已经成为我国实体经济的晴雨表，扶持中小微企业发展是巩固和发展实体经济的重要内容。

民营经济是社会主义市场经济的重要组成部分。大力发展民营经济是富民之道，是活力之源。目前，我国民营经济对GDP的贡献已超过50%，出口贡献超过30%，投资贡献超过60%，创新贡献超过70%，就业贡献超过

80%。要毫不动摇地鼓励、支持、引导民营经济发展，保证民营经济依法平等使用生产要素、公平参与市场竞争、同等受到法律保护，不断优化民营经济发展环境，不断拓展了民营经济的发展空间。发展民营经济特别要重视中小微企业的发展。中小微企业占中国企业总数的99%以上。中国现有1200多万家企业，其中957万家是私营企业，私营企业中90%以上是小微企业。要大力实施中小企业成长工程，增强创新能力，提高"专精特新"和集群发展水平，增强中小企业生存能力、竞争能力和可持续发展能力。要落实好支持小微企业发展的各项政策措施，支持好小微企业特别是科技型小微企业发展。

六、坚持把优化环境作为基础保障

优化实体经济发展环境，一是要优化营商环境，提高政府行政效能。深化"一次办好"改革，减少和调整行政审批事项，提高行政服务效率，消除乱收费，杜绝寻租腐败，净化实体经济发展环境。二是要完善政策支持体系。要深化财税金融体制等各项制度改革，不断优化财政支出结构，加大对实体经济支持力度；千方百计鼓励和引导金融信贷、社会资本重回实体经济。三是要形成实体经济和虚拟经济协调发展机制。正确处理实体经济与虚拟经济的关系，引导虚拟经济围绕和服务于实体经济合理发展，抑制社会资源脱"实"向"虚"和资产泡沫过度膨胀，不断构建和优化有利于实体经济健康发展的环境。习近平总书记在2015年中央经济工作会议上指出，大量资金流向虚拟经济，使资产泡沫膨胀，金融风险逐步显现，社会再生产中的生产、流通、分配、消费整体循环不畅。这是一个绕不过去的历史关口。如果不能抓住时机进行战略性调整，不能破旧立新，就很难渡过这个关口，问题积重难返，就会影响整个战略目标的实现。

参考文献

[1] 洪银兴等：《〈资本论〉的现代解析》，经济科学出版社2005年版。

[2] 《马克思恩格斯选集》第3卷，人民出版社1995年版。

[3] 《马克思恩格斯选集》第1卷，人民出版社1995年版。

[4] 马克思：《资本论》第3卷，人民出版社1975年版。

[5] 庞庆明、李建辉：《深入研究现代化经济体系建设的路径》，载《经济日报》2018年6月7日。

［6］《孙中山全集》第3卷，中华书局1984年版。

［7］亚当·斯密：《国民财富的性质和原因的研究》（下卷），商务印书馆1974年版。

［8］钟瑛：《成思危经济思想对社会主义市场经济理论的贡献》，载《中国经济时报》2015年7月31日。

第四章
加快建设创新型国家

习近平总书记在党的十九大报告中强调，我国经济已由高速增长阶段转向高质量发展阶段，正处在转变发展方式、优化经济结构、转换增长动力的攻关期，建设现代化经济体系是跨越关口的迫切要求和我国发展的战略目标。创新是引领发展的第一动力，是建设现代化经济体系的战略支撑。把加快建设创新型国家作为现代化建设全局的战略举措，是党的十九大报告做出的战略部署和战术安排。新形势下的科技创新必须以习近平新时代中国特色社会主义科技创新思想为统领，以改革驱动创新，以创新驱动发展，加快进入创新型国家行列，迈向建设世界科技强国的新征程。创新型国家建设的过程和成果都将进一步为决胜全面建成小康社会、奋力夺取新时代中国特色社会主义伟大胜利提供强大动能。

第一节 加快建设创新型国家的重大意义

所谓创新型国家，是指将科学技术创新作为国家发展基本战略，大幅度提高自主创新能力，主要依靠科技创新来驱动经济发展，以企业作为自主创新的主体，通过制度、组织和文化创新，积极发挥国家创新体系的作用，形成强大国际竞争优势的国家。2006年的科技大会上，我国首次提出建设创新型国家，党的十六大将建设创新型国家列为国家战略。党的十九大提出中国特色社会主义进入新时代，要加快建设创新型国家。这是站在新时代对创新型国家建设提出的新要求，具有重要的战略意义。

一、加快建设创新型国家是新时代新起点上的新使命

经过40年的改革开放，我国创新能力有了快速提升，科技创新进入了新

第四章 加快建设创新型国家

的发展阶段。科技创新实现了从全面跟踪向跟跑、并跑和领跑"三跑并存"的历史性转变。我国于2013~2015年开展的第四次全国技术预测,组织近两万名专家围绕13个重点领域的1049项技术开展了中外技术竞争分析,显示13个领域有52%的领域属于跟跑、31%的领域属于并跑、17%的领域属于领跑。[①]

(一) 我国科技整体水平处于从量的积累向质的飞跃、点的突破向系统能力提升的重要时期

十八大以来,中国研发经费投入强度持续提升。2014年中国研发经费投入强度达到2.02%,首次突破2%;2017年进一步上升至2.12%。2017年研究与试验发展(R&D)经费支出17500亿元,从全球来看,中国研发经费投入总量目前仅次于美国,居世界第二位。研发人员总量达387.8万人年,居世界第一位。研发人力投入强度与科技发达国家的差距继续减小。"十二五"期间回国人才超过110万,是前30年回国人数的3倍。美国《科学引文索引》(SCI)收录论文总量连续8年居世界第二位,被引用次数2017年首次超过英国、德国攀升至世界第二位;高被引论文数占世界份额为14.7%,世界排名第三位。发明专利的申请量、授权量世界第一位,有效专利世界第三位;2017年,中国提交专利合作协定(PCT)国际专利申请量达4.8882万件,跃居全球第二;全国技术合同交易额达到了11407亿元。科技进步贡献率达到57.5%。从这些指标来看,我国已经是名副其实的科技大国。

(二) 国家创新能力在国际上的排名大幅度跃升

2017年6月15日,由世界知识产权组织(WIPO)、美国康奈尔大学和英士国际商学院共同发布"2017年全球创新指数"。该指数显示中国排名居第22位,比2016年上升3位。这是中国继2016年成为首个进入全球创新指数前25强的中等收入经济体之后,又一明显进步。中国是唯一与发达国家经济体创新差距不断缩小的中等收入国家,已经成功跻身全球创新领导者行列。

(三) 科技创新体系日益完善

我国已制定发布了《"十三五"国家科技创新规划》和《国家创新驱动发展纲要》。在制定"十三五"规划的基础上,还制定了33个专项计划,比如,特别出台了新时代人工智能规划等,各地、各行业、各高校也都因地制宜地制

[①] 余健:《加快建设创新型国家的使命担当》,载《中国高校科技》2018年第1期,第4页。

定了自己的科研创新规划,可以说,一个较为完整、配套的国家科技创新规划体系已经建成。学科平台建设对标国际一流,综合性国家科学中心、试点国家实验室、国家重点实验室等国家级科研平台逐步优化整合,逐步显示出其资源、人才、学科聚合优势。

虽然取得了很大的成绩,但对标创新型国家,我国的科技创新能力还存在较大的差距。美国、德国、芬兰、韩国等20多个创新型国家和地区具备四个主要特征:一是研发投入占GDP的比重在2%以上;二是科技进步贡献率在70%以上;三是对外技术依存度在30%以下;四是所获得的三方专利拥有量快速增长并在全世界范围内占较大比重。而目前我国科技进步贡献率为57.5%,高技术产品自主品牌出口率约为10%,关键技术对外技术依存度超50%;2014年我国三方专利拥有量为2582项,占全球的5.1%,排在世界第5位。现在全世界R&D占GDP比例最高的韩国和以色列,比例已经达到4.0%,日本提出到2020年R&D占GDP比例要达到4.0%,我国2017年是2.12%,和发达国家相比差距还很大。我国绝大多数创新指标与发达国家相比还存在明显差距。我国自主创新能力不足、关键领域核心技术自主创新存在瓶颈、技术供给与社会需求的结构性矛盾突出等问题,已经成为制约传统产业转型升级和新兴产业快速发展的一大短板。[①] 综合起来看,加快建设创新型国家是在我国科技取得巨大进步、科技发展新起点上提出的,是我国新时代的重大战略。

二、加快建设创新型国家是抢抓新科技革命和产业变革历史机遇、提高国际竞争力的战略举措

世界范围内新一轮科技革命和产业变革正在兴起,全球科技创新进入密集活跃期。伴随着物联网、云计算、大数据、第五代移动通信技术等新一代信息技术与用户创新、开放创新、大众创新、协同创新等创新模式结合,当今全球科技创新已进入革命性颠覆式创新阶段。颠覆性创新成果加速催生新的产业组织和商业模式。大数据、云计算、移动互联网等新一代信息技术同机器人和智能制造技术相互融合步伐加快,正在引发国际产业分工重大调整,进而重塑世界竞争格局、改变国家力量对比。一次次科技革命,催生出一个个经济强国。从蒸汽时代到电气时代再到信息化时代,每一次科技革命都深刻地改变了人们

---

① 张彬、李春晖:《"新经济"背景下提升我国科技创新能力的策略研究》,载《经济纵横》2018年第2期。

感的改革、有利于调动广大干部群众积极性的改革作为重大指引,坚持以满足需求为最终目的,以提高供给质量为主攻方向。

五是明确了深化供给侧结构性改革的推进方向。2017 年的供给侧结构性改革不是 2016 年内容和模式的简单延续和重复,而是在广度和深度上实现全面提升:在继续深化推进"三去一降一补"五大任务的基础上,把供给侧结构性改革从工业领域扩展到农业领域,从房地产库存调整扩展到房地产健康运行的基础性制度和长效机制建设上,从单纯地去杠杆扩展到着力振兴实体经济。2018 年深化供给侧结构性改革,重点在"破""立""降"上下功夫。即,大力破除无效供给,推动化解过剩产能;大力培育新动能,强化科技创新,推动传统产业优化升级;大力降低实体经济成本,降低制度性交易成本,继续清理涉企收费,加大对乱收费的查处和整治力度,降低用能、物流成本[①]。

六是突出了深化供给侧结构性改革的实施路径。强调要着力减少对行政力量的依赖,更多从基础制度、标准、法治等方面来推进改革,适时推出各类基础性改革,从根本上完善市场在资源配置中起决定性作用的体制机制,深化电力、石油天然气、铁路等行业改革,以深化改革为根本途径来深化供给侧结构性改革。

二、实施五大任务的新着力点

(一) 去产能要深入推进

2016 年实施供给侧结构性改革时,去产能是首要任务,其重点是去煤炭和钢铁行业的过剩产能,也包括淘汰水泥、平板玻璃等落后产能,主要目的是调优供给结构。"从 2016 年开始,在近年来淘汰落后钢铁产能的基础上,用 5 年时间再压减粗钢产能 1 亿~1.5 亿吨","用 3 至 5 年的时间,煤炭行业再退出产能 5 亿吨左右、减量重组 5 亿吨左右"。[②]

去产能针对的是产能过剩问题。何为产能过剩?一般用产能利用率或设备利用率作为产能是否过剩的评价指标。通常,设备利用率的正常值在 79%~83%,超过 90% 表明产能不足,如果设备开工低于 79%,则说明存在产能过

---

① 参见中央经济工作会议精神相关报道:"中央经济工作会议在北京举行",载《光明日报》2017 年 12 月 21 日,第 1 版。

② 参见国务院于 2016 年 2 月 4 日、5 日先后下发的《关于钢铁行业化解过剩产能实现脱困发展的意见》及《关于煤炭行业化解过剩产能实现脱困发展的意见》。

剩现象。

去产能的关键是处置"僵尸企业"。深化供给侧结构项改革，要把处置"僵尸企业"作为重要抓手。"僵尸企业"（zombie company 或 zombie firm）一词最早出现于对 20 世纪 90 年代早期日本资产价格崩盘后漫长经济衰退的研究中，意指接受信贷补贴的企业或没有利润的借贷企业[①]。在我国，"僵尸企业"虽然没有全国统一的标准，而是由各省确定具体标准。但一般来说，"僵尸企业"是指不具有自生能力，主要依靠政府补贴、银行贷款、资本市场融资或借债而勉强维持运营或维持不下去的企业。

我国现阶段的"僵尸企业"大多分布在产能过剩行业。钢铁、水泥、电解铝等产能绝对过剩行业里有"僵尸企业"，光伏、风电等相对产能过剩行业里也有，还有一部分存在于诸如服装等处于产业生命衰退期的企业之中。对于"僵尸企业"，如果不及时处置，将带来严重后果。一是降低资源使用效率。"僵尸企业"都是靠"输血"生存，如果这些资源用于健康企业则能够获得更好的收益。二是破坏竞争秩序。为"僵尸企业"提供补贴和低成本信贷，本身就导致了对其他企业的不公平竞争。同时，大量"僵尸企业"的存在，加剧了产能过剩。三是放大金融风险。"僵尸企业"背负大量债务却又缺乏偿债能力，一旦一批"僵尸企业"违约，银行的不良贷款就会大幅度增加，造成一系列企业的破产倒闭，放大金融风险。

深入推进去产能。一是严格执行环保、能耗、质量、安全等相关法律法规和标准来实现产能的退出和去化。采用市场化、法治化手段，推进企业兼并重组、债务重组或破产清算。并且应尽可能多兼并重组、少破产清算。比如，鼓励行业领军企业和优质企业对本行业的"僵尸企业"进行兼并，达到既防范系统性金融风险，又提高产业集中度的目的。二是大力拓展产能国际合作新空间，鼓励支持国内相关企业主动参与国际市场竞争，通过公开公平竞争加快产业结构优化升级步伐。三是配套实施企业人员安置方案，确保相关人员安置工作落实到位。四是依靠创新驱动，在做大增量、做优存量上下功夫，切实增强去产能的针对性、实效性。

2018 年全国再压减钢铁产能 3000 万吨左右，退出煤炭产能 1.5 亿吨左右。加上之前退出的钢铁产能 1.7 亿吨，已经超出"十三五"期间 1 亿~1.5 亿吨的预期目标。2018 年再退出煤炭产能 1.5 亿吨左右，加上之前的去煤炭产能 8 亿吨，已接近压减煤炭产能 10 亿吨的目标。

---

① 黄群慧、李晓华：《"僵尸企业"的成因与处置策略》，载《光明日报》2016 年 4 月 13 日。

（二）去库存要因城施策

供给侧结构性改革中的去库存主要是去房地产库存。房地产库存不是指二手房，而是指新建住房。2016年中央经济工作会议定调："房子是用来住的，不是用来炒的"。2017年去房地产库存依然是重点内容，但在政策体系上增加了新内容：坚持分类调控和因城因地施策。深入去房地产库存，重点是解决三四线城市房地产库存过多问题。其基本思路为：

一是把去库存和促进人口城镇化结合起来，提高三四线城市和特大城市间基础设施的互联互通，提高三四线城市教育、医疗等公共服务水平，增强对农业转移人口的吸引力。

二是以满足新市民住房需求为主要出发点，扩大有效需求，打通供需通道，消化库存，稳定房地产市场。允许农业转移人口等非户籍人口在就业地落户，将公租房扩大到非户籍人口，发展租赁市场，加快建立多主体供应、多渠道保障、租购并举的住房制度。

三是抓住当前经济结构调整的机遇，充分运用市场机制和经济手段，推动相关产业落户中小城市，对进城农民工开展培训，解决其进城定居面临的就业困难等问题，让到城市购房的农民工能够尽快找到工作，能在城市长期定居。

四是完善促进房地产市场平稳健康发展的长效机制，保持房地产市场调控政策连续性和稳定性，分清中央和地方事权，实行差别化调控。

2017年以来，各地房地产政策从差异化供地，到租赁住房、共有产权住房等公共住房建设的持续推进表明，在去库存过程中已着力健全促进房地产市场平稳健康发展的长效机制，坚持"房住不炒""因城施策"方略，从而保持调控政策的定力。

（三）去杠杆要积极稳妥

供给侧结构性改革中的去杠杆主要把较高的杠杆率降下来，目的是防范和化解金融风险。高杠杆指总资产与净资产的比重，净资产等于总资产减去总负债，资产负债率越高，净资产就越低，净资产越低，总资产一定的条件下，杠杆率就越高[1]。因此，资产负债率越高，杠杆率就越高。杠杆率包括政府部门杠杆率、非金融企业杠杆率、居民部门杠杆率等。就全社会而言，如果把GDP作为收入，那么全社会的杠杆率就是各个部门的总债务之和与GDP的比值。

---

[1] 赵昌文、许召元：《"去产能"是经济企稳转好的重中之重》，载《人民日报》2016年3月2日。

建设现代化经济体系研究

2017年以来，去杠杆是在降低总杠杆率的前提下，把企业去杠杆作为重中之重。方式主要有：一是在企业新增融资中增大股权融资力度，适当降低债权融资的比率。二是企业通过主动处置资产降杠杆。企业利用资产价格较高的有利时机进行资产形态的转换，让资产处置所产生的收益再回到企业生产经营体系里。三是适当通过政府加杠杆来引导企业去杠杆。通过政府投资基金、政府分级基金的使用，以及政府相应置换债务的安排，帮助企业降低杠杆。

实施去杠杆，按照国务院《关于积极稳妥降低企业杠杆率的意见》，主要以市场化、法治化方式降低企业杠杆率，开展市场化债转股。市场化债转股的最大特点就是市场化和法治化，具体体现在：债转股的对象企业由市场化选择、价格市场化确定、资金市场化筹集，股权退出市场化进行。因此，市场化和法治化涵盖了债转股的整个流程。

2018年4月2日，中央财经委员会第一次会议提出新要求：要以结构性去杠杆为基本思路，分部门、分债务类型提出不同要求，地方政府和企业特别是国有企业要尽快把杠杆降下来，努力实现宏观杠杆率稳定和逐步下降[1]。

从改革实践来看，积极稳妥去杠杆取得初步成效，我国宏观杠杆率上升势头明显放缓。根据国际清算银行（BIS）数据，截至2016年末，我国总体杠杆率为257%。截至2017年一季度末，我国总体杠杆率为257.8%[2]。2017年杠杆率虽然比2016年高2.4个百分点，但增幅比2012~2016年杠杆率年均增幅低10.9个百分点。2018年一季度杠杆率比2017年高0.9个百分点，增幅比去年同期收窄1.1个百分点。可见，去杠杆初见成效，我国进入稳杠杆阶段[3]。

（四）降成本要多措并举

在供给侧结构性改革的降成本方面，2016年打出了组合拳，实施"六降行动"[4]。2017年以来，主要在减税、降费、降低要素成本上加大力度。降低各类交易成本，特别是制度性交易成本；减少审批环节，降低各类中介评估费用；降低企业用能成本；降低物流成本；提高劳动力市场灵活性，推动企业向内降本增效。具体要求是：在调整税制和优化税收结构的基础上减税降费，降低直接反映在财务报表上的企业财务成本；进一步改革社会保险制度，降低企

---

[1] 《研究打好三大攻坚战的思路和举措》，载《人民日报海外版》2018年4月3日。
[2] 卞靖："坚持以供给侧结构性改革为主线 推进经济高质量发展——2018年全国两会精神解读"，宣讲家网，2018年3月14日，www.71.cn。
[3] 《刘世锦谈杠杆率趋势：住户部门杠杆仍处较低水平》，载《北京青年报》2018年7月5日。
[4] 降低制度性交易成本；降低企业税费负担；降低保险费；降低企业财务成本；降低电力价格；降低物流成本。

业人工成本；调整能源政策和价格形成机制，降低企业用能成本；改革运输和物流体制，降低企业物流成本；创新体制机制，降低企业的制度性交易成本。

目前，多措并举降成本的推进思路：把着力点放在降低实体经济的运行成本上，提高实际收益水平，拓展市场空间，支撑企业转型发展和创新发展；把减税、降费作为降低实体经济运行成本的重要举措；把降低融资成本和增强金融便利作为提振实体经济活力的重要手段；把降低各类交易成本特别是制度性交易成本，作为激发市场活动的关键措施；以收入规模、社保成本和劳动生产率为重点，有效引导劳动要素成本增速的相对回落。同时，加大政策支持力度。比如，扩大小微企业享受减半征收所得税优惠的范围，年应纳税所得额上限由30万元提高到50万元；科技型中小企业研发费用加计扣除比例也由50%提高到75%。这些政策的实施，进一步降低了科技型中小企业的负担，并对科技型中小企业的持续投入形成有效激励和支持。

（五）补短板要精准发力

供给侧结构性改革中的补短板，不仅要增加经济总量，还要经济的更高质量、更有效率、更加公平、更可持续。因此，补短板是我国经济从量到质的全面提升，是经济社会质的根本性变化[①]。

补短板从满足广大人民群众美好生活需要的角度看，包括：补农业中的短板、补制造业中的短板、补服务业中的短板、补基础设施中的短板、补生态建设中的短板、补扶贫和改善民生中的短板。

补短板的目的是要扩大有效供给，增加有效需求。因此，要从严重制约经济社会发展的重要领域和关键环节、从人民群众迫切需要解决的突出问题着手，既补硬短板，也补软短板；既补发展短板，也补制度短板。硬短板指的是生产能力和技术手段的不足，软短板指发展环境和产权保护的不足；发展短板是指产业体系和生产效率的不足，制度短板是指制度供给不足或市场在资源配置中的决定性作用发挥不足。精准发力补短板，就是坚持补硬短板和补软短板并重、补发展短板和补制度短板并举。

三、拓宽供给侧结构性改革领域

（一）深入推进农业供给侧结构性改革

农业供给侧结构性改革针对的是农业、农村、农民问题。推进农业供给侧

[①] 黄泰岩：《补短板的政治经济学分析》，载《光明日报》2016年4月27日。

结构性改革，必须在农产品供给问题上着力，核心是围绕市场需求进行生产，优化资源配置，扩大有效供给，增加供给结构的适应性和灵活性，真正形成更有效率、更有效益、更可持续的农产品供给体系。

推进农业供给侧结构性改革的关键是改革农村土地制度，赋予农户对土地的承包权、宅基地的使用权、集体经营性建设用地的所有权的商品属性，让农村土地能够作为商品进入市场，从而为土地使用权流转、劳动力流动、农民工市民化创造体制条件。

深入推进农业供给侧结构性改革，一是把增加绿色优质农产品供给放在突出位置，突出抓好农产品标准化生产、农产品品牌创建、农产品质量安全监管。二是加大农村环境突出问题综合治理力度，加大退耕还林、还湖、还草力度。三是积极稳妥推进粮食等重要农产品价格形成机制和收储制度改革。四是细化和落实承包土地"三权分置"办法，培育新型农业经营主体和服务主体。五是深化农村产权制度改革，明晰农村集体产权归属，统筹推进农村土地征收、集体经营性建设用地入市、宅基地制度改革试点。

（二）着力振兴实体经济

实体经济是强国之本、富民之基。着力振兴实体经济，一要坚持以提高质量和效益为中心，坚持创新驱动发展，扩大高质量产品和服务供给。二要推动新旧动能转换，大力发展战略性新兴产业，加快传统产业转型升级步伐。三要加快基础性制度建设，推动实现权利平等、机会平等、规则平等，使市场在资源配置中起决定性作用，为企业创造公平竞争的市场环境。四要加快要素市场化改革，消除土地、人力资本、资金、科技等要素自由流动的体制障碍。五要加快财政金融体制改革，进一步减税降费，营造公平税负环境，提高实体经济发展能力和国际竞争能力。

（三）促进房地产市场平稳健康发展

坚持"房子是用来住的、不是用来炒的"这一科学定位，让住房回归居住的属性。在思路上，中央政府主要是加快财税、金融、土地、市场体系和法律法规等基础性制度建设，地方政府主要是落实"分类指导、因城施策"调控要求，加强预期引导，完善制度，维护房地产市场稳定运行，为房地产市场长期平稳健康发展奠定坚实基础。

促进房地产市场平稳健康发展，需要强化政策保障和优化环境。一是在宏观上管住货币，微观信贷政策要支持合理自住购房，严格限制信贷流向投资投机性购房。二是在土地政策上要落实人地挂钩政策和地方政府主体责任，盘活城市闲置和低效用地。三是加快住房租赁市场立法，促进机构化、规模化租赁企业发展。四是加强住房市场监管和整顿，规范开发、销售、中介等行为。

第三节 深化供给侧结构性改革的举措

一、全方位多层次推进改革

推进和深化供给侧结构性改革，最终目的是满足需求，主攻方向是提高供给质量，根本途径是深化改革。无论是深入推进"三去一降一补"，还是推进农业供给侧结构性改革，着力振兴实体经济，促进房地产市场平稳健康发展，其根本途径还是依靠改革。

（一）全面实施要素市场化配置改革

推进供给侧结构性改革，根本途径是深化改革。要素市场化配置改革是深化供给侧结构性改革的核心问题，推进供给侧结构性改革，必须矫正要素配置的扭曲。为此，必须深化行政管理体制改革，打破垄断，健全要素市场，使价格机制真正引导资源配置。必须破除劳动力、土地、资金、能源等要素市场化配置的体制机制障碍，加快要素价格市场化改革。必须用改革的办法转变思路，推进结构调整，构建提高供给体系质量和效益的体制机制。

实现要素市场化配置，要以土地、劳动力、资本、技术的要素市场化配置改革为重点。目前，作为供给方的土地、劳动力、资本、技术等资源要素，主要通过政府行政手段来配置，存在很大弊端。一方面，政府只对要素的初始分配进行干预，并不参与企业的生产流程。一旦企业占用了要素，政府很难对企业闲置或低效利用要素的行为进行干预，企业生产效率与其所占有的要素之间不匹配，造成资源配置效率下降。另一方面，长期由政府行政手段配置要素，导致要素价格扭曲，不能灵活反映要素市场供求关系的变化和资源稀缺程度，造成企业千方百计通过非市场化方式从政府手里获取各类要素。此外，还造成要素市场建设滞后，资金、土地、劳动力等要素价格远未市场化，严重制约和影响社会主义市场经济体制的完善。

深化要素市场化配置改革，解决资源要素配置扭曲、使用效率低下问题，关键是要最大限度地减少政府对资源的直接配置，放开要素价格，让要素价格真实反映要素市场的供求变化。要素价格只有在由市场方式决定的条件下，要素价格机制才能充分发挥在资源配置中的决定性作用。只有让各类生产要素能够作为商品进入市场，让每一类市场主体都拥有获得生产要素的机会，并根据市场规则、市场价格进行竞争，引导生产要素配置到效率最高的地区部门和企业中去，才能提高资源配置效率，获得更高的经济效益。因此，激活生产要素，完善要素市场制度结构，健全要素定价机制，促进经济结构调整，成为深化供给侧结构性改革的核心和关键。

深化要素市场化配置改革，必须破除要素市场化配置障碍。第一，完善现代产权制度。健全归属清晰、权责明确、保护严格、流转顺畅的现代要素产权制度，推进产权保护法治化，依法保护各种所有制经济和各种要素主体的权益。第二，构建合理的要素价格体系，促进土地、资本和劳动力等要素资源的自由流动，提高要素配置效率。土地制度改革的核心在于确权和加速农地流转，从而提高土地使用效率；资本要素改革的核心在于降低企业成本、提升企业盈利；资源品价格改革聚焦于降低原材料成本，减税降费、加速折旧、降低财税成本；养老保险体系改革聚焦于降低人力成本。第三，加快完善要素市场体系。坚持农用地集体所有，实现土地规模经营；同时加快建立城乡统一的建设用地市场，推进农村集体经营性建设用地与国有建设用地同等入市、同权同价；推进金融、劳动力、技术等要素市场体系改革，提高要素供给弹性、流动性，提升全要素生产率。第四，加快相关体制机制改革，激发人才创新创造活力。加快破除一切妨碍人才流动和优化配置的体制机制，加快形成有利于人才成长的培养机制、有利于人尽其才的使用机制、有利于竞相成长各展其能的激励机制、有利于各类人才脱颖而出的竞争机制，从而实现人力资源、人才资源的充分有效配置，增强人力资源的内生动力。

深入推进要素市场化配置改革，需要结合实际，积极探索要素市场化配置改革的具体模式。浙江省海宁市"亩产效益"要素市场化配置改革就是积极的探索、有益的尝试。海宁市的"亩产效益"改革（2018年5月，此项改革已扩展到浙江全省范围）是建立在要素价格倒逼机制的基础上，以"亩产效益"为计量标准，通过对企业分类评估，形成对低效、落后产能的退出激励机制，使土地、电、水、环境、人才、科技等要素通过市场化配置到高效优质企业，推动了企业的转型升级。因此，海宁的"亩产效益"改革是供给侧结构性改革的生动实践，对全国来说具有典型示范意义。

（二）多层次推进改革

在我国经济已由高速增长转向高质量发展阶段，必须把发展经济的着力点放在实体经济上，在适度扩大总需求的同时，深化供给侧结构性改革。深化供给侧结构性改革，必须推动"三大转变"，即中国制造向中国创造转变，中国速度向中国质量转变，制造大国向制造强国转变。这是一个需要多层次全方位的深化改革，才能推进的系统工程。

推进这一系统工程，从企业发展层面来看，核心是提高产品质量，通过技术进步提高产品的档次和质量。为此，一要鼓励和引导企业加强科学技术研究，加强企业技术改造，促进科技成果尽快向现实生产力转化，不断开发新产品、新材料、新工艺，全面提高产品档次和质量水平。二要适应新时代高端化、个性化、绿色化消费需求的变化，创新技术与商业模式，从而提供更高质量的产品和服务。三要抓住新一轮科技革命迅猛发展的机遇，提高企业发展的质量。企业既要有质量意识，树立质量理念，制定严格的质量管理规范，也要增强自主创新能力，加快技术进步步伐。

从产业发展层面看，核心是产业转型升级。产业结构失衡，造成了产业结构与需求结构不适应，产品过剩与供给不足并存。因此，深化供给侧结构性改革，需要调整产业结构，推动产业向中高端迈进，形成产业发展新格局。为此，一方面要发展新兴产业。目前，信息技术仍是引领经济社会进步的主要技术力量，互联网、物联网、云计算等新技术的应用，催生出一批新兴业态。应大力发展新能源、绿色和低碳技术、生命科技及生物技术。另一方面，促进传统产业转型升级。传统产业转型升级是供给侧结构性改革的关键，要坚持以市场为导向，根据技术、安全、环保、能耗等标准，加大传统产业内部整合，鼓励和引导企业从传统产业升级模式向全球价值链升级模式转变，鼓励企业打造供应链管理平台，提高自身的综合实力和核心竞争力。

从宏观政策层面看，核心是促进高质量发展。中央经济工作会议指出，供给侧结构性改革要始终向振兴实体经济发力、聚力，要高度重视"脱实向虚"的苗头，坚持以提高质量和核心竞争力为中心。因此，需要推进制度创新。一是依托科技创新，促进企业发展新产品、新材料，扩大新品种、新花色，加速老产品的更新换代。二是依托自主创新，实现从模仿创新到自主创新的转型，形成完备的技术创新体系。三是依托体制创新，进一步完善社会主义市场经济体制。建立质量效益型激励，为实现高质量发展提供有利的激励导向。四是依托战略创新，形成一系列实现高质量发展的战略支持体系。

二、根据新的实践丰富和完善五大政策

供给侧结构性改革的推进和深化,离不开五大政策支柱:宏观政策要稳、产业政策要准、微观政策要活、改革政策要实、社会政策要托底。五大政策支柱相互支撑、相互配合,旨在为推进供给侧结构性改革营造良好的环境和条件。宏观政策要稳,就是要为供给侧结构性改革营造稳定的宏观经济环境;产业政策要准,就是要准确定位供给侧结构性改革方向;微观政策要活,就是要完善市场环境、激发企业活力和消费者潜力;改革政策要实,就是要加大力度推动改革落地;社会政策要托底,就是要在深化改革中守住民生底线。

五大政策伴随供给侧结构性改革的全过程,五大政策的具体内容随着改革的深化而不断丰富和完善。从宏观政策要稳来看,主要是财政政策和货币政策要稳。目前,要加大积极的财政政策力度。实行减税政策,阶段性提高财政赤字率,加大向企业、创业者减税的力度和幅度。在适当增加必要的财政支出和政府投资的同时,主要用于弥补降税带来的财政减收,保障政府应该承担的支出责任。从货币政策来看,要实现"稳健中性"。稳健的货币政策要灵活适度,既要营造适宜的货币金融环境,降低融资成本,保持流动性合理充裕和社会融资总量适度增长,扩大直接融资比重,优化信贷结构,也要完善汇率形成机制。

从产业政策要准来看,深化供给侧结构性改革,就要推进农业现代化、加快制造强国建设、加快服务业发展、提高基础设施网络化水平,推动形成新的增长点。同时,坚持创新驱动,注重激活存量,着力补齐短板,发展实体经济,促进绿色发展。从微观政策要活来看,就是通过深化改革让企业更加有活力,进一步挖掘消费者的消费潜力。为此,既要在制度上、政策上营造宽松的市场经营和投资环境,鼓励和支持各种所有制企业创新发展,保护各种所有制企业产权和合法利益,改善企业市场预期。也要营造商品自由流动、平等交换的市场环境,破除市场壁垒和地方保护主义。从改革政策要实来看,就是要加强统筹协调,完善落实机制,调动地方积极性,允许地方进行差别化探索,发挥基层首创精神。促进各项改革举措抓实落地,使改革不断见到实效,使人民群众有更多的获得感。从社会政策要托底来看,就是要更好发挥社会保障的社会稳定器作用,保障群众基本生活,保障基本公共服务。当前处于全面建成小康社会的决胜期,打好打赢防范金融风险、精准脱贫、污染防治三大攻坚战,是社会政策要托底的重要内容。

三、切实处理好几个重大关系

2017年1月，习近平总书记在主持中共中央政治局第三十八次集体学习时强调，推进供给侧结构性改革，要处理好政府和市场的关系、短期和长期的关系、减法和加法的关系、供给和需求的关系。这四大关系切中了深入推进供给侧结构性改革中的矛盾和问题。

（一）政府和市场的关系

党的十八届三中全会提出，"经济体制改革是全面深化改革的重点，核心问题是处理好政府和市场的关系，使市场在资源配置中起决定性作用和更好发挥政府作用"。这是社会主义市场经济体制的核心问题，是经济新常态下处理政府与市场关系的基本要求。

推进和深化供给侧结构性改革，就要运用好市场这只"无形之手"和政府这只"有形之手"。深化供给侧结构性改革，必须破除行政垄断，切实减少和消除经济体系中的扭曲，让市场在资源配置中起决定性作用，通过市场价格引导资源向更富有效率的领域集中。在发挥市场在资源配置中起决定性作用的同时，也要更好地发挥政府的作用。既要遵循市场规律，善用市场机制来解决问题，也要更好地发挥政府的作用。在尊重市场规律的基础上，用改革来激发市场活力，用政策来引导市场预期，用规划明确投资方向，用法治规范市场行为。

"去产能、去库存、去杠杆、降成本、补短板"五大任务的实施，离不开市场和政府之间的密切配合。例如去产能，我国的产能过剩或多或少与政府调控有关，要解决这一问题，必须有政府的介入。需要在运用市场力量实施破产清算、兼并重组的同时，政府做好完善市场制度环境、企业债务处理、失业人员安置、协助企业开拓新的投资渠道和销售渠道等工作。政府的这种作为，是在市场决定资源配置的基础上进行的，与市场配置资源的方向一致。从供给侧结构性改革的其他任务来看，也不同程度的需要政府发挥作用。需要指出的是，处理好政府和市场的关系，应避免采用行政命令的手段，而是善于运用市场机制解决问题。

（二）短期和长期的关系

供给侧结构性改革作为我国经济发展的主线，意味着这一改革不可能一蹴而就，需要统筹短期任务和长期任务。我国经济结构中存在的矛盾和问题，尤其是深层次的结构性失衡问题，都是长期积累形成的。因此，推进供给侧结构性改革，需要长短兼顾、统筹结合。

"去产能、去库存、去杠杆、降成本、补短板"五大任务并非都是短期任务，有些需要付出长期努力。其中，去产能、去库存、去杠杆是短期需要完成的任务，或者说是有"去"的区间，不是一味地"去"下去。而降成本、补短板则不是短期能完成的，需要远近结合、统筹谋划。降成本，虽然在短期内可通过减税、企业挖潜、节约成本等见效，但从根本上看，我国一些产品的成本和价格远高于发达国家，是由于我国生产技术水平和劳动生产率低。生产技术水平低，产品的质量和档次就低；劳动生产率低，产品的成本和价格就高。要提高产品质量和档次，就需要科技创新、管理创新、制度创新，还需要不断提高职工的能力素质和操作水平。从补短板来说，开发高端产品，扩大高端产品生产能力是主要任务。这同样需要强化科技创新，需要政府、企业、科研机构相互配合、协同发力，是一个需要持续推进、久久为功的过程。因此，深化供给侧结构性改革，既要立足当前，着力解决一些突出矛盾和问题，也要着眼于长远，构建长效体制机制、重塑中长期经济增长动力，通过改革加快形成完善的体制机制。既要在战略上坚持持久战，又要在战术上打好歼灭战。战略上坚持稳中求进，搞好顶层设计，把握好节奏和力度，久久为功；战术上抓落实、干实事，注重实效。供给侧结构性改革中出现的短期阵痛是必须承受的阵痛，需要合理引导社会预期，尽量控制和减少阵痛，妥善处置企业债务，做好人员安置工作，做好社会托底工作，维护社会和谐稳定。同时，要在培育新的动力机制上做好文章、下足功夫，着力推进体制机制建设，激发市场主体内生动力和活力。

（三）减法与加法的关系

供给侧结构性改革中做减法，就是减少低端供给和无效供给，去产能、去库存、去杠杆，为经济发展留出新空间。做加法，就是扩大有效供给和中高端供给，补短板、惠民生，加快发展新技术、新产业、新产品，为经济增长培育新动力。

无论做减法，还是做加法，都需要用力得当，精准、有度。做减法不能"一刀切"，要减得准，着力去低端产能，做加法不能一拥而上，要避免"大水漫灌"，避免产生新的产能过剩和新的重复建设。要增加社会急需的公共产品和公共服务供给，缩小城乡、地区公共服务水平差距。实现调存量与优增量、推动传统产业改造升级与培育新兴产业的有机统一，振兴实体经济。要统筹部署创新链和产业链，全面提高创新能力，提升科技进步水平，提高全要素生产率。

（四）供给和需求的关系

供给和需求是一对相辅相成的概念，是市场经济关系的两个基本方面。供给强调生产，需求强调消费。生产决定消费，消费是生产的目的。没有供给，需求无法实现；没有需求，供给无从谈起。供给和需求是既对立、又统一的辩证关系，二者是经济运行的内在动力。

供给必须以需求为目标，需求又必须依赖供给，二者相互依存、互为条件，缺一不可。这就决定了供给侧结构性改革不能脱离需求一方。二者要相互配合、协调推进。过去我们强调需求管理，着力发挥"三驾马车"的作用。现在，推进和深化供给侧结构性改革，是要在适度扩大总需求的同时，推进供给侧结构性改革。因此，深化供给侧结构性改革，需要用好需求侧管理这个重要工具。一方面，供给侧结构性改革需要一定的有效需求作为前提；另一方面，需求在短期之内要适度扩张，要对经济有适当管控。供给侧改革和需求侧管理相辅相成、相得益彰，才能为供给侧结构性改革营造良好环境和条件。

参考文献

[1] 陈东琪：《抓紧抓好供给侧结构性改革》，载《人民日报》2017年4月12日。

[2] 高培勇：《建立与供给侧结构性改革相匹配的宏观调控体系》，载《经济日报》2017年12月18日。

[3] 郝全洪：《从供需关系看供给侧结构性改革》，载《人民日报》2018年6月13日。

[4] 黄群慧：《中国经济如何跨越发展阶段转换关口》，载《经济日报》2017年12月11日。

[5] 黄泰岩：《补短板的政治经济学分析》，载《光明日报》2016年4月27日。

[6] 李文：《实施供给侧结构性改革是治国理政的重大战略部署》，载《经济日报》2016年5月6日。

[7] 刘诚：《供给侧改革助力我国跨越中等收入陷阱》，载《经济参考报》2016年6月14日。

[8] 刘世锦:《拨开"中等收入陷阱"的迷雾,供给侧改革助推跨越中等收入阶段》,载《人民观察》2016年6月12日。

[9] 刘伟等:《经济增长新常态与供给侧结构性改革》,载《新华文摘》2016年第9期。

[10] 刘伟:《供给侧结构性改革具有长期的战略意义》,载《光明日报》2017年1月12日。

[11] 刘伟:《以供给侧结构性改革为主线建设现代化经济体系》,载《人民日报》2018年1月26日。

[12] 罗志军:《深刻认识和有效推进供给侧结构性改革》,载《人民日报》2016年5月16日。

[13] 卫兴华:《澄清供给侧结构性改革的几个认识误区》,载《人民日报》2016年4月20日。

[14] 习近平:《决胜全面建成小康社会 夺取新时代中国特色社会主义伟大胜利——在中国共产党第十九次全国代表大会上的报告》,人民出版社2017年版。

[15] 习近平:《在省部级主要领导干部学习贯彻党的十八届五中全会精神专题研讨班上的讲话》,载《人民日报》2016年5月10日。

[16] 曾宪奎:《经济发展新常态下的供给侧结构性改革》,载《红旗文稿》2017年4月26日。

[17] 郑必坚:《让供给侧结构性改革释放强大正能量》,载《人民日报》2017年6月2日。

[18] 郑秉文:《拨开"中等收入陷阱"的迷雾,展望中国经济从低收入到高收入的四个发展阶段》,载《人民观察》2016年6月12日。

第三章
大力发展实体经济

实体经济是国民经济的坚实基础。2008年金融危机爆发后,实体经济问题再次引起热议。面对实体经济发展出现的困境和问题,党的十八大报告明确指出,要"牢牢把握发展实体经济这一坚实基础"。党的十九大报告进一步提出,必须把发展经济的着力点放在实体经济上。由此可见,我们必须充分认识实体经济发展的必要性和紧迫性,努力夯实实体经济发展基础,推动实体经济高质量发展。

第一节 发展实体经济的重大意义

世界各国发展经验表明,一个国家要强大,就必须注重实体经济发展。实体经济发展水平直接关系到国民经济发展的质量和国际竞争力的状况。正如习近平总书记所指出的那样:"不论经济发展到什么时候,实体经济都是我国经济发展、在国际经济竞争中赢得主动的根基。"

一、实体经济的内涵

关于什么是实体经济,目前仍然缺乏一个公认的定义。在现实生活中,不同的人也有着不同的认识。比如,有的人认为,实体经济就是从事实物生产的经济活动,因此,把实体经济看成是农业和工业的生产活动,或者是把实体经济看成是从事物质产品生产和经营的活动等。这些认识都是不全面的。我们判断某种经济活动是否属于实体经济范畴,并不是以经济活动所提供的产品属性作为依据,更不能从是否提供实物的角度来判断。而应把价值创造和价值实现作为判断实体经济的根本标准。一切创造价值的经济活动,都属于实体经济范畴。同时,那些直接为实现价值服务的经济活动也属于实体经济范畴。有鉴于此，我们认为，所谓实体经济就是指物质和精神产品的生产、流通以及直接为此提供服务所形成的经济活动。从产业的角度看，它包括第一、第二产业的全部以及绝大部分第三产业。

实体经济是与虚拟经济相对应的概念。为了更好地理解实体经济范畴，我们首先需要弄清楚虚拟资本和虚拟经济的概念。资本作为一个历史范畴，是生产力发展到一定历史阶段的产物。19世纪40年代英国银行家威·里瑟姆在《关于通货问题的通信》中最早提出了"虚拟资本"概念。他指出："汇票没有别的办法加以控制，除非防止出现货币过剩，防止出现低利息率或低贴现率，这样可以避免产生一部分汇票，并不致使汇票过度膨胀。要判断汇票有多少是来自实际的营业，例如实际的买和卖，有多少是人为地制造的，只由空头汇票构成，这是不可能的。空头汇票，是指人们在一张流通的汇票到期以前又开出另一张代替它的汇票，这样，通过单纯流通手段的制造，就制造出虚拟资本。在货币过剩和便宜的时候，我知道，这个办法被人使用到惊人的程度。"[①]

马克思最早对"虚拟资本"进行了系统研究，并创立了虚拟资本理论。在《资本论》第三卷中讨论信用和虚拟资本时，马克思指出："随着生息资本和信用制度的发展，一切资本好像都会增加一倍，有时甚至增加两倍，因为有各种方式使同一资本，甚至同一债权在不同的人手里以不同的形式出现。这种'货币资本'的最大部分纯粹是虚拟的。"[②] 可见，虚拟资本是在借贷资本和银行信用制度基础上产生的。

马克思将虚拟资本区分为两种形态：一种是代表资本所有权的各种有价证券，如股票、债券等；另一种是由信用制度产生的各种信用票据，如商业汇票、银行汇票和银行券等。在马克思看来，虚拟资本产生的基础是："每一个确定的和有规则的货币收入都表现为资本的利息，而不论这种收入是不是由资本生出。"故而，"人们把虚拟资本的形成叫作资本化。人们把每一个有规则的会反复取得收入按平均利息率计算，把它算作是按这个利息率贷出的资本会提供的收入，这样就把这个收入资本化了。"[③]

虚拟资本之所以是虚拟的，是因为其与现实资本有着根本区别。马克思在《资本论》中把股票和国债券作为虚拟资本的典型形式。就股票和债券而言，它们反映着二重关系，一是以股票债券等形式筹集的资本进入工商企业，表现

---

① 威·里瑟姆：《关于通货问题的通信》，引自《资本论》第3卷，人民出版社1975年版，第451页。
② 马克思：《资本论》第3卷，人民出版社1975年版，第533~534页。
③ 马克思：《资本论》第3卷，人民出版社1975年版，第528~529页。

为投入生产过程的机器、厂房、原材料等现实资本,形成现实资本的运动;二是以投入企业资本的所有权凭证和债权凭证进入证券市场的虚拟资本,形成虚拟资本的运动。这里的股票和债券,只是"现实资本的纸质复本",其本身并不具有价值。尽管虚拟资本代表着对现实资本的所有权,但持有者"不能去支配这个资本。这个资本是不能提取的。有了这种证书,只是在法律上有权索取这个资本应该获得的一部分剩余价值……现实资本存在于这种复本之外,并且不会因为由于这种复本的转手而改变所有者。"[1] 虚拟资本与现实资本,不仅在运动上是相互独立的,而且在价值上也是彼此分离的。投入股票的资本价值不能有双重存在,即不能"一次是作为所有权证书即股票的资本价值,另一次是作为在这些企业中实际已经投入或将要投入的资本"[2],资本的价值只能存在于后一种形式。正因为如此,作为所有权证书存在的股票才成为了虚拟资本。虚拟资本可以被当作特殊商品在市场上买卖,其价格的高低取决于人们对未来收益预期的高低,与它所代表的现实资本的价值变动完全无关。虚拟资本的运动体现着资本追逐利润的本质,虚拟资本的产生以现实资本为基础,所获得的利润也源自现实资本的生产,如果虚拟资本的规模超过了现实资本规模而无节制地发展就会引发资产泡沫。

随着信用制度的日益发展,当今时代的虚拟资本,在虚拟性、虚拟程度、虚拟方式等方面已大大超越了马克思时代的虚拟资本范畴。虚拟资本的范围大大扩大,收入可以资本化的不仅包括马克思当时所指出的债券、股票,还有外汇和金融衍生工具,如金融期货、股票指数、期权等。在现代经济中,由股票衍生出股指期货,由国债衍生出国债期货等金融衍生工具,可以说是虚拟资本的虚拟资本。除此之外,房地产市场上交易的房地产,外汇市场上交易的外汇,都可能成为虚拟资本形式。[3]

虚拟资本的持有和交易活动构成了虚拟经济。虚拟经济是资本价值形态的独立运动,是以票据方式持有权益并交易权益所形成的经济活动。成思危曾经指出,虚拟经济是指与虚拟资本以金融系统为主要依托的循环运动有关的经济活动,货币资本不经过实体经济循环就可以取得盈利。简单地说,就是直接以钱生钱的活动。[4] 虚拟经济具有高流动性、高风险性、高投机性和不稳定性的

---

[1] 马克思:《资本论》第3卷,人民出版社1975年版,第540页。
[2] 马克思:《资本论》第3卷,人民出版社1975年版,第529页。
[3] 洪银兴等:《〈资本论〉的现代解析》,经济科学出版社2005年版,第305页。
[4] 钟瑛:《成思危经济思想对社会主义市场经济理论的贡献》,载《中国经济时报》2015年7月31日。

特点。我们知道，实体经济是直接创造价值或者直接为实现价值服务的活动，是创造社会财富的活动。而与此相反，尽管虚拟经济是现代经济的重要组成部分，而且适度发展虚拟经济有助于推动实体经济发展，但虚拟经济活动并不创造一个价值分子，也不会增加分毫的社会财富，而只是对现有社会财富进行重新分配。这是虚拟经济与实体经济最本质的区别。此外，还特别需要注意的是，虚拟经济的过度膨胀不仅会加剧社会贫富分化，而且还会引发严重的经济泡沫。

二、大力发展实体经济的重要意义

实体经济是立国之本、强国之基。任何时候我们都不能忽视实体经济的发展。习近平总书记高度重视实体经济发展。2013年8月，习近平总书记在辽宁考察时强调："实体经济是国家的本钱，要发展制造业尤其是先进制造业，加强技术创新，加快信息化、工业化融合。"2017年4月，习近平总书记在广西视察时指出："一个国家一定要有正确的战略选择，我国是个大国，必须发展实体经济，不断推进工业现代化、提高制造业水平，不能脱实向虚"。

1. 发展实体经济是坚持马克思主义唯物史观的必然要求

马克思主义唯物史观认为，物质生产是人类社会存在和发展的基础。没有了物质生产，人类社会也就失去了发展的根基。马克思、恩格斯在《德意志意识形态》一文中指出："我们首先应当确定一切人类生存的第一个前提也就是一切历史的第一个前提，这个前提就是：人们为了能够'创造历史'，必须能够生活。但是为了生活，首先就需要衣、食、住以及其他东西。因此第一个历史活动就是生产满足这些需要的资料，即生产物质生活本身"。[1] 恩格斯在《在马克思墓前的讲话》中指出："人们首先必须吃、喝、住、穿，然后才能从事政治、科学、艺术、宗教等等；所以，直接的物质的生活资料的生产，从而一个民族或一个时代的一定的经济发展阶段，便构成基础"。[2] 由此可见，人类社会要生存和发展，就必须首先解决物质生活资料的生产和供应问题，而这离开了实体经济便无从谈起。

2. 发展实体经济是提升综合国力的必由之路

经济力是综合国力的物质基础。然而，经济力的发展和提升必须牢固建立

---

[1] 《马克思恩格斯选集》第1卷，人民出版社1995年版，第78～79页。
[2] 《马克思恩格斯选集》第3卷，人民出版社1995年版，第776页。

在实体经济的发展之上。经济学鼻祖亚当·斯密在其1776年出版的《国民财富的性质和原因的研究》一书中指出："国民财富非由不可消费的货币财富构成，而由社会劳动每年所再生产的可消费的货物构成"。①孙中山先生曾经深刻认识到发展实体经济对于富国强民的重要性，他指出："实业之发展，不仅为政治进步之所必需，实亦为人道之根本。""国人苟能多一实业，则国家多一分之富矣"。②1921年其在《实业计划》一书中不仅完整提出了实业兴国思想，更是疾呼"发展实业，乃振兴中华之本"。

马克思的劳动价值论认为，劳动是价值的唯一源泉。只有发展实体经济才能不断创造出更加丰裕的社会财富，才能不断提升经济力。尽管虚拟经济的适度发展能够促进实体经济发展，但虚拟经济具有明显的寄生性。如果脱离实体经济，虚拟经济就成了无源之水、无本之木。而且，一旦虚拟经济过度膨胀，还会产生经济泡沫，损害实体经济发展甚至引发经济危机。因此，无论是全面建成小康社会，还是实现中华民族伟大复兴，都必须牢牢建立在实体经济发展基础之上。有鉴于此，习近平总书记反复强调，我们这么一个大国要强大，要靠实体经济，不能泡沫化。

3. 发展实体经济是实现经济平稳健康发展的根本保障

只有牢牢夯实实体经济发展基础，在经济发展中我们才能掌握主动，才能确保经济平稳健康和可持续发展。2017年3月7日，习近平总书记在参加十二届全国人大五次会议辽宁代表团审议时强调，不论经济发展到什么时候，实体经济都是我国经济发展、在国际经济竞争中赢得主动的根基。

近年来，尤其是2008年金融危机爆发以来，随着虚拟经济的持续膨胀，加之实体经济往往投入成本较高、产出周期偏长、利润空间有限，众多企业竞相脱"实"向"虚"，纷纷偏离甚至完全游离主业，出现了"大企业投资开发房地产，小企业买房囤积炒作"的现象。像中国重汽、海尔、海信、苏泊尔、雅戈尔等制造业龙头企业均毫无例外地涉足房地产。正如有的企业家所言，"搞实业就像啃瘦骨头，而投资房地产就像吃唐僧肉""宁炒一座楼，不开一家厂"。虚拟经济过度膨胀，严重影响了经济的健康和可持续性。

实践充分证明，大国经济唯有建立在实体经济发展的坚实基础之上，才能实现持续健康发展。经过改革开放40年来的快速发展，我国经济总量已经稳居世界第二，并且成为世界第一制造业大国，但与发达国家的制造业水平相

---

① 亚当·斯密：《国民财富的性质和原因的研究》（下卷），商务印书馆1974年版，第244页。
② 《孙中山全集》第3卷，中华书局1984年版，第19页、第332页。

比，在技术创新、质量效率、品牌服务、环境友好等方面还存在较大的差距，特别是在一些关键技术领域长期受制于人。面向未来，我们必须把提高供给质量作为主攻方向，推动质量变革、效率变革和动力变革，从追求数量、速度转向重视质量、效益，努力改造提升传统产业，加快培育壮大新兴产业，以推动实体经济高质量发展，为我国在国际经济竞争中赢得主动和长期平稳健康发展奠定坚实的基础。

4. 发展实体经济是构建现代化经济体系的坚固基石

国家强，经济体系必须强。只有全面建设现代化经济体系，才能更好顺应现代化发展潮流，才能使我国在国际竞争中真正赢得主动。而实体经济是国民经济的脊梁，是国民经济赖以存在的基础，是现代化经济体系的主体，关乎我国现代化经济体系建设的质量以及我国未来国际竞争力的状况。因此，无论任何时候，实体经济都是我国经济社会发展的根基，动摇不得；如果这个根基动摇了，那么我国经济就不可能行稳致远，也难以在激烈的国际竞争中掌握主动。为此，建设现代化经济体系，必须把实体经济放到更加突出的位置抓牢抓实抓好。

当前，尽管我国已经是全球制造业大国和世界第二大经济体，但近年来我国实体经济发展面临着发达国家和发展中国家的双重挤压，尤其是在主要发达国家重新聚焦实体经济、实施"再工业化"战略、"工业4.0计划"及吸引投资回流重振制造业的竞争压力，以及一些新兴经济体依托低成本优势及政策吸纳国际产业转移、建设新的"世界工厂"的大背景下，未来我国实体经济发展将面临更加激烈的市场竞争。重振以高端制造业为主体的实体经济成为当今世界各国各地区竞争的焦点，当然也必须是新时代建设现代化经济体系的着力点和主要支撑。我们必须坚定不移地把经济发展和现代化经济体系建设的着力点放在发展实体经济上，不断推动优质资源向实体经济集聚、政策举措向实体经济倾斜、工作力度向实体经济加强，不断开创我国实体经济高质量持续发展的新局面。

5. 发展实体经济是顺应国内外经济形势新变化的必然选择

实体经济是一国经济立身之本，是一国国民经济的基础。2008年世界金融危机爆发后，发达国家纷纷提出"再工业化""实业再造""重回制造业"等战略，开始向以制造业为主体的实体经济回归。以美国为首的发达国家制定再制造业化战略，源于金融危机，但并不限于应对危机，而是有着更加深刻复杂的背景。新一轮科技革命和产业变革来势迅猛，以新一代信息技术、新能源、新材料、生物技术等为代表的新技术革命正在孕育之中，主要国家正在为抢占新技术领域的制高点谋篇布局。

2009年美国颁布了《美国创新战略：促进可持续增长和提供优良的工作机会》，将培育和发展新能源、新材料为代表的产业作为抢占新一轮国际竞争制高点的重要突破口。2010年美国制定了《奥巴马——拜登新能源计划》，提出在今后10年内投资1500亿美元，重点发展混合动力型汽车、下一代生物燃料、洁净煤技术等，力争使美国成为世界新能源产业发展的领导者。2008年法国政府宣布建立200亿欧元的（战略投资基金），主要用于对能源、汽车、航空、防务等战略企业的投资与入股。2009年日本提出了新增长战略，重点发展环保型汽车、电力汽车、医疗与护理、文化旅游和太阳能发电等产业。

新一轮产业革命与新技术突破，将重塑全球经济格局，对各国而言，均是机遇与挑战并存。发达国家试图借助再制造业化战略，在未来全球新技术、新产业竞争中占据有利地位。面对严峻复杂的国际国内经济形势，我们应更加注重发展实体经济，鼓励资金投向实体经济。在这种国际背景下，如果我们仍不重视实体经济发展，不仅我们在制造业领域的既有优势很容易失去，而且实现经济发展"稳中求进"也会失去必要支撑。

第二节　实体经济发展的思路和重点

改革开放以来，我国实体经济发展取得了举世瞩目的成就。但与此同时，也产生和累积了一系列的矛盾和问题。要强化问题意识，坚持问题导向，明确发展方向和目标，着力破解发展难题，不断夯实实体经济发展基础。

一、实体经济发展的思路

针对我国经济整体发展质量不高的现实，必须把发展经济的着力点放在如何做强做优做大实体经济的竞争力上，把提高供给体系质量作为经济发展和改革的主攻方向。

1. 推动产业结构高级化

坚持转型升级，促进产业结构调整和优化，是提升产业核心竞争力，解决我国产业发展低端锁定和产能过剩的必然选择。一是在产业结构上，坚持协调发展。积极促进三次产业协调互动、融合发展。二是在产业形态上，坚持高端发展。大力发展战略性新兴产业、先进制造业和现代服务业。三是在产业组织上，坚持集聚发展。立足实际，发挥优势，突出重点，积极培育壮大现代产业集群。为此，党的十八届五中全会提出推动我国产业迈向中高端水平。要坚持走新型工业化道路，形成以高新技术产业为先导、基础产业先进制造业为支撑、服务业全面发展的格局，加快产业转型升级，促进产业结构调整优化，培育和提升产业核心竞争力，构建现代化产业体系。

2. 推动产业发展融合化

融合化是现代产业发展的重要特征。通过产业融合，不仅可以创造新产业新业态，还可以有效拓展产业发展空间，提升产业综合竞争力。推进产业融合，主要是促进"两个融合"，即努力促进服务业与农业融合发展、促进服务业与制造业融合发展。在现代社会中，制造业的发展与服务业越来越密不可分。研究表明：一件工业品70%的附加值来自服务业。制造业与服务业融合通常有三种模式：一是结合型融合。一方面，制造业的发展需要大量服务产品投入。如市场调研、产品研发、员工培训、管理咨询和销售服务等；另一方面，服务业最终产品的提供需要大量制造业产品的支撑。如在移动通信、互联网、金融等服务提供过程中无不依赖于大量的制造业"硬件"投入。二是绑定型融合。越来越多的制造业产品必须与相应的服务业产品绑定在一起才能使用。三是延伸型融合。延伸型融合是指以体育文化产业、娱乐产业为代表的服务业引致周边衍生产品的生产需求，从而带动相关制造产业的共同发展。电影、动漫、体育赛事等能够带来大量的衍生品消费，包括服装、食品、玩具、装饰品、音像制品、工艺纪念品等实体产品。资料显示，美国电影票房一般只占到电影收入的1/3，其余则来自相关的电影衍生产品；在动漫游戏的庞大产业链中，有70%~80%的利润是依靠周边产品来实现的。

但从我国经济发展实践看，制造业与服务业的融合发展还存在着明显不足，这主要表现在以下几个方面：一是制造业低端锁定对服务业"拉力"不足；二是生产性服务业发展滞后，对现代制造业"推力"不够；三是跨行业的复合型人才对服务业"支撑力"不够；四是产业融合发展的规划和政策对服务业发展"引导力"不足。

3. 推动产业高技术化

世界新一轮科技革命和产业变革正在兴起，高新技术领域的竞争日益加剧。谁掌握技术，谁就会在全球竞争中占据主动。改革开放以来，我国产业整体发展水平有了大幅度提升，但总的看仍以中低端产业为主，技术含量普遍不高，尤其是缺少核心技术和自主知识产权，缺少核心零部件和关键装备，产业国际竞争力不强,产业附加值明显偏低。因此,我国产业发展还普遍缺乏强有力的技术支撑。目前,我国科技创新和技术进步虽然取得了举世瞩目的成就,但与发达国家相比还存在着较大差距,很多方面还亟待加强和改进。一是研发投入仍然不足。我国的研发投入在国家层面和GDP的比例为2.1%,比北欧一些先进国家的3%～3.5%相差较远。企业研发投入更加不足,我国规模以上企业研发投入占销售收入比例为0.9%,而发达国家一般平均都在2%以上;二是科技成果转化不够,贡献率有待提升。我国在核心技术、关键技术上对外依存度高达50%,高端产品开发70%技术要靠外援技术,重要的零部件80%需要进口,一些关键的芯片甚至是100%依赖进口,我国每年在进口芯片上的花费远远超过进口原油的花费。[1]

二、实体经济发展的重点

调整优化产业结构是提升产业核心竞争力,解决我国产业发展低端锁定和产能过剩、提高实体经济发展质量和效益的必然选择。产业结构转型升级的路径和目标是:产业结构高度化、产业价值链高度化和产业加工度高度化。具体而言,推进产业结构转型升级,需要抓好以下几个方面:

1. 大力发展战略性新兴产业,引导实体经济发展的未来

战略性新兴产业是以重大技术突破和重大发展需求为基础,对经济社会全局和长远发展具有重大引领带动作用,知识技术密集、物质资源消耗少、成长潜力大、综合效益好的产业。当前要加快培育和发展节能环保、新一代信息技术、生物、高端装备制造、新能源、新材料和新能源汽车等。[2] 通过大力发展战略性新兴产业,不断培育新的经济增长点,打造新的竞争优势,抢占未来产业发展的制高点。

2. 大力发展先进制造业,促进我国实体经济由大变强

先进制造业是相对于传统制造业而言的,是指制造业不断吸收电子信息、计算机、机械、材料以及现代管理技术等方面的高新技术成果,实现信息化、自动化、智能化、柔性化、生态化生产,取得良好经济社会和市场效果的制造业总称。发展先进制造业尤其要重视装备制造业的发展。装备制造业号称"工厂的制造者",特别是高端装备制造业,处于价值链高端和产业链的核心环节,

---

[1] 刘璐璐:《专家:我国核心关键技术对外依存度高达50%》,载《经济参考报》2015年12月22日。

[2] 《国务院关于加快培育和发展战略性新兴产业的决定》,2010年10月10日。

决定着整个产业链的综合竞争力，是现代产业体系的脊梁，是推动工业转型升级的引擎，对于带动整个制造业转型升级具有战略意义。当前，在我国工业全部22个大类中，纺织品、电力装备、交通工具等七大类行业规模名列全球第一，我国已成为全球制造业第一大国，但我国制造业仍然大而不强。2015年，我国政府工作报告提出实施"中国制造2025"，推动我国由制造业大国向制造业强国迈进。2015年5月8日，国务院公布了《中国制造2025》，这是中国版的"工业4.0"规划，提出要更多依靠中国装备、依托中国品牌，实现中国制造向中国创造的转变、中国速度向中国质量的转变、中国产品向中国品牌的转变，完成中国制造由大变强的战略任务。

3. 大力发展现代服务业，提升中国实体经济发展水平

现代服务业是指以现代科学技术特别是信息网络技术为主要支撑，建立在新的商业模式、服务方式和管理方法基础上的服务产业。它既包括随着技术发展而产生的新兴服务业态，也包括运用现代技术对传统服务业的改造和提升。现代服务业是促进产业转型升级的先导性和支撑性产业，特别是生产性服务业的发展，对于促进中国发展方式转变、优化产业结构、培植核心竞争力、提升整体经济发展水平，具有战略意义。当前，应重点关注金融保险业、现代物流业、信息服务业、商务服务业、科研技术服务业、文化体育和娱乐业、居民社区服务业等生产性服务业和新兴服务业的发展。

第三节 推动实体经济发展的举措

党的十八大报告提出，要牢牢把握发展实体经济这一坚实基础，实行更加有利于实体经济发展的政策措施。结合我国实体经济发展的现实状况和当前面临的形势，夯实我国实体经济发展的基础，需要做好以下"六个坚持"。

一、坚持把再造实业精神作为必要前提

全社会要牢固树立实业为本、实业立国的理念。虽然虚拟经济的适度发展有助于实体经济发展，但必须明确，只有实体经济才是本源性的，虚拟经济以实体经济为基础，它必须在实体经济发展所需要的限度内发展，并始终服务于实体经济的发展。如果虚拟经济过度膨胀，甚至脱离实体经济自我循环，那么，不仅不能带来社会财富的有效增加，反而还会助推资产泡沫，冲击实体经

济的健康发展,甚至引发经济危机。由此可见,必须在全社会大力宣扬实业为本、实业立国理念,大力培育有利于实体经济发展的社会舆论环境,坚决遏制日益弥漫的浮躁之气、投机炒作之风,努力在全社会形成脚踏实地、勤劳创业、实业致富的社会氛围,切实尊重每一个劳动者的价值创造和创新潜能,大力褒扬每一位企业家坚守的品格和实业精神。

二、坚持把提高质量和效益作为立足点

党的十九大报告指出,建设现代化经济体系,必须把发展经济的着力点放在实体经济上,把提高供给体系质量作为主攻方向,显著增强我国经济质量优势。做强做优做大实体经济,提高供给体系质量,是解决我国经济当前关键短板的治本之策。2013年11月,习近平总书记在湖南省考察期间强调,要全面认识持续健康发展和生产总值增长的关系,防止把发展简单化为增加生产总值,一味以生产总值排名比高低、论英雄。转方式、调结构是我们发展历程必须迈过的坎,要转要调就要把速度控制在合理范围内,否则资源、资金、市场等各种关系都绷得很紧,就转不过来、调不过来。各级都要追求实实在在、没有水分的生产总值,追求有效益、有质量、可持续的经济发展。

1. 深化供给侧结构性改革

提高实体经济发展质量和效益,要紧紧抓住供给侧结构性改革这个"牛鼻子"。2016年,习近平总书记在中央经济工作会议上强调,振兴实体经济是供给侧结构性改革的主要任务,供给侧结构性改革要向振兴实体经济发力、聚力。推进供给侧结构性改革,是一场硬仗。要把握好"加法"和"减法"、当前和长远、力度和节奏、主要矛盾和次要矛盾、政府和市场的关系,紧密结合我国实体经济发展质量不高的现状,特别是低端产能过剩、高端产能不足的现实,积极推进并不断深化供给侧结构性改革,通过深入实施"三去一降一补",坚决去除低端低质低效过剩产能,大力发展战略性新兴产业,积极改造提升传统产业,补齐创新不足短板,不断提高供给体系质量和效率,使供给更好满足需求。

2. 培育壮大现代产业集群

产业集群是现代经济的重要特征和区域竞争力的重要来源。国家竞争优势的获得,关键在于产业的竞争。而产业的发展往往取决于有竞争力的产业集群。美国哈佛大学的波特教授通过对9个经济发达国家具有国际竞争力的产业进行分析后认为,在国际市场上具有竞争优势的产品,来自一些特定地区,这

些产业在该地区总是以集群方式存在着。比如,20世纪90年代中期,美国380个地方产业群的产值达到全国总产值的60%,印度约有350个中小企业集群,出口产品占全国的60%。① 可见,推动我国实体经济发展,提升产业和国家竞争力,关键在于培育产业集群。通过产业集群化发展,发挥产业集聚效应和规模效应,提升产业发展效益和综合竞争力。就全国而言,各地区发展实体经济,要立足实际,确立适合自己的发展思路,找准重点,充分发挥自身的资源、区位等禀赋优势,走专业化、规模化、品牌化发展的路子,培育重点企业,形成特色产业,发挥品牌效应,把比较优势转化为市场优势和经济优势。

三、坚持把产业转型升级作为主攻方向

当前,我国产业大多仍处于世界产业链和价值链的低端,主要表现为:我国出口商品大多数是低技术含量、低单价、低附加值的"三低"产品,进口的则是高技术含量、高附加值和高价格的"三高"产品。比如,我国是世界第一钢铁生产大国,但高档钢材却高度依赖进口。我国产业发展水平低突出表现在:一是自主创新能力薄弱。关键共性技术缺失,企业技术创新仍主要处于跟随模仿阶段。二是基础配套能力不足。关键材料、核心零部件严重依赖进口。三是部分领域产品质量可靠性有待提升。缺少能与国外知名品牌相抗衡的自主品牌,世界装备制造业中90%的知名商标所有权掌握在发达国家手中。四是产业结构不合理。低端产能严重过剩,而高端产能明显不足。

随着我国迈入经济高质量发展阶段,必须通过产业结构高级化破解我国产业发展低端锁定和产能过剩的问题。产业结构高级化,通常有四种路径:一是推进产业由价值链低端向中高端迈进。在产业的价值链条上,包括设计、原料采购、仓储运输、订单处理、批发经营、终端零售在内的非制造环节处于整个产业利润的高端,而生产制造环节处于产业链的最低端。二是产业高技术化。高技术产业具有知识技术密集、研发人员和研发投入比重高以及资源消耗少、环境污染少等特点,对社会和经济的发展具有极为重要的意义。高新技术产业主要包括信息技术、生物技术、新材料技术三大领域。三是产业高加工度化。通过对原材料的深加工和精深加工,拉长产业链,提升价值链。四是产业高集聚化。产业集群是现代经济的重要特征和区域竞争力的重要来源。发展实体经

---

① [美]迈克尔·波特:《国家竞争优势》,中信出版社2007年版,第775页。

济，要立足本地实际，充分发挥自身的资源、区位等比较优势，培育特色产业集群，把比较优势转化为市场优势和经济优势。

四、坚持把创新驱动作为根本动力

党的十八大报告指出，科技创新是提高社会生产力和综合国力的战略支撑，必须摆在国家发展全局的核心位置。习近平总书记反复强调，创新是引领发展的第一动力。抓创新就是抓发展，谋创新就是谋未来。不创新就要落后，创新慢了也要落后。与科技发达国家相比，我国还存在着较大的差距。必须把创新摆在发展全局的核心位置，塑造更多依靠创新驱动、更多发挥先发优势的引领型发展，加快建设创新型国家。要坚持走中国特色自主创新道路，以全球视野谋划和推动创新，提高原始创新、集成创新和引进消化吸收再创新能力，更加注重协同创新。要加快建设国家创新体系，着力构建以企业为主体、市场为导向、产学研相结合的技术创新体系。要加强关键核心技术和共性技术攻关，力争在高端装备、信息网络、系统软件、关键材料、核心部件等重大领域取得突破。要着力增强创新驱动发展新动力，注重发挥企业家才能，加快科技创新，加强产品创新、品牌创新、产业组织创新、商业模式创新。坚持需求导向和产业化方向，强化基础研究和应用研究衔接融合，实施重大科技创新工程，着力突破制约产业发展的共性关键技术，研发具有自主知识产权的高端核心装备，推动"中国制造"向"中国创造""中国智造"跃升。要强化创新人才支撑，牢固树立人才是第一资源理念，打好培养、吸引、留住、用好人才的组合拳，广聚天下英才，建设人才强国。总之，要紧紧依靠科技创新，不断培育新的产业，创造新的需求，开辟新的经济增长点，突破我国产业发展在全球价值链中的低端锁定。

五、坚持把发展民营经济作为突破口

我国民营经济以中小微企业为主，主要集中在制造业、农业、服务业和高新技术产业等实体经济领域，其发展状况已经成为我国实体经济的晴雨表，扶持中小微企业发展是巩固和发展实体经济的重要内容。

民营经济是社会主义市场经济的重要组成部分。大力发展民营经济是富民之道，是活力之源。目前，我国民营经济对 GDP 的贡献已超过 50%，出口贡献超过 30%，投资贡献超过 60%，创新贡献超过 70%，就业贡献超过

80%。要毫不动摇地鼓励、支持、引导民营经济发展，保证民营经济依法平等使用生产要素、公平参与市场竞争、同等受到法律保护，不断优化民营经济发展环境，不断拓展了民营经济的发展空间。发展民营经济特别要重视中小微企业的发展。中小微企业占中国企业总数的99%以上。中国现有1200多万家企业，其中957万家是私营企业，私营企业中90%以上是小微企业。要大力实施中小企业成长工程，增强创新能力，提高"专精特新"和集群发展水平，增强中小企业生存能力、竞争能力和可持续发展能力。要落实好支持小微企业发展的各项政策措施，支持好小微企业特别是科技型小微企业发展。

六、坚持把优化环境作为基础保障

优化实体经济发展环境，一是要优化营商环境，提高政府行政效能。深化"一次办好"改革，减少和调整行政审批事项，提高行政服务效率，消除乱收费，杜绝寻租腐败，净化实体经济发展环境。二是要完善政策支持体系。要深化财税金融体制等各项制度改革，不断优化财政支出结构，加大对实体经济支持力度；千方百计鼓励和引导金融信贷、社会资本重回实体经济。三是要形成实体经济和虚拟经济协调发展机制。正确处理实体经济与虚拟经济的关系，引导虚拟经济围绕和服务于实体经济合理发展，抑制社会资源脱"实"向"虚"和资产泡沫过度膨胀，不断构建和优化有利于实体经济健康发展的环境。习近平总书记在2015年中央经济工作会议上指出，大量资金流向虚拟经济，使资产泡沫膨胀，金融风险逐步显现，社会再生产中的生产、流通、分配、消费整体循环不畅。这是一个绕不过去的历史关口。如果不能抓住时机进行战略性调整，不能破旧立新，就很难渡过这个关口，问题积重难返，就会影响整个战略目标的实现。

参考文献

[1] 洪银兴等：《〈资本论〉的现代解析》，经济科学出版社2005年版。
[2]《马克思恩格斯选集》第3卷，人民出版社1995年版。
[3]《马克思恩格斯选集》第1卷，人民出版社1995年版。
[4] 马克思：《资本论》第3卷，人民出版社1975年版。
[5] 庞庆明、李建辉：《深入研究现代化经济体系建设的路径》，载《经济日报》2018年6月7日。

［6］《孙中山全集》第3卷，中华书局1984年版。

［7］亚当·斯密：《国民财富的性质和原因的研究》（下卷），商务印书馆1974年版。

［8］钟瑛：《成思危经济思想对社会主义市场经济理论的贡献》，载《中国经济时报》2015年7月31日。

第四章
加快建设创新型国家

习近平总书记在党的十九大报告中强调，我国经济已由高速增长阶段转向高质量发展阶段，正处在转变发展方式、优化经济结构、转换增长动力的攻关期，建设现代化经济体系是跨越关口的迫切要求和我国发展的战略目标。创新是引领发展的第一动力，是建设现代化经济体系的战略支撑。把加快建设创新型国家作为现代化建设全局的战略举措，是党的十九大报告做出的战略部署和战术安排。新形势下的科技创新必须以习近平新时代中国特色社会主义科技创新思想为统领，以改革驱动创新，以创新驱动发展，加快进入创新型国家行列，迈向建设世界科技强国的新征程。创新型国家建设的过程和成果都将进一步为决胜全面建成小康社会、奋力夺取新时代中国特色社会主义伟大胜利提供强大动能。

第一节　加快建设创新型国家的重大意义

所谓创新型国家，是指将科学技术创新作为国家发展基本战略，大幅度提高自主创新能力，主要依靠科技创新来驱动经济发展，以企业作为自主创新的主体，通过制度、组织和文化创新，积极发挥国家创新体系的作用，形成强大国际竞争优势的国家。2006年的科技大会上，我国首次提出建设创新型国家，党的十六大将建设创新型国家列为国家战略。党的十九大提出中国特色社会主义进入新时代，要加快建设创新型国家。这是站在新时代对创新型国家建设提出的新要求，具有重要的战略意义。

一、加快建设创新型国家是新时代新起点上的新使命

经过40年的改革开放，我国创新能力有了快速提升，科技创新进入了新

的发展阶段。科技创新实现了从全面跟踪向跟跑、并跑和领跑"三跑并存"的历史性转变。我国于2013~2015年开展的第四次全国技术预测,组织近两万名专家围绕13个重点领域的1049项技术开展了中外技术竞争分析,显示13个领域有52%的领域属于跟跑、31%的领域属于并跑、17%的领域属于领跑。[①]

(一)我国科技整体水平处于从量的积累向质的飞跃、点的突破向系统能力提升的重要时期

十八大以来,中国研发经费投入强度持续提升。2014年中国研发经费投入强度达到2.02%,首次突破2%;2017年进一步上升至2.12%。2017年研究与试验发展(R&D)经费支出17500亿元,从全球来看,中国研发经费投入总量目前仅次于美国,居世界第二位。研发人员总量达387.8万人年,居世界第一位。研发人力投入强度与科技发达国家的差距继续减小。"十二五"期间回国人才超过110万,是前30年回国人数的3倍。美国《科学引文索引》(SCI)收录论文总量连续8年居世界第二位,被引用次数2017年首次超过英国、德国攀升至世界第二位;高被引论文数占世界份额为14.7%,世界排名第三位。发明专利的申请量、授权量世界第一位,有效专利世界第三位;2017年,中国提交专利合作协定(PCT)国际专利申请量达4.8882万件,跃居全球第二;全国技术合同交易额达到了11407亿元。科技进步贡献率达到57.5%。从这些指标来看,我国已经是名副其实的科技大国。

(二)国家创新能力在国际上的排名大幅度跃升

2017年6月15日,由世界知识产权组织(WIPO)、美国康奈尔大学和英士国际商学院共同发布"2017年全球创新指数"。该指数显示中国排名居第22位,比2016年上升3位。这是中国继2016年成为首个进入全球创新指数前25强的中等收入经济体之后,又一明显进步。中国是唯一与发达国家经济体创新差距不断缩小的中等收入国家,已经成功跻身全球创新领导者行列。

(三)科技创新体系日益完善

我国已制定发布了《"十三五"国家科技创新规划》和《国家创新驱动发展纲要》。在制定"十三五"规划的基础上,还制定了33个专项计划,比如,特别出台了新时代人工智能规划等,各地、各行业、各高校也都因地制宜地制

[①] 余健:《加快建设创新型国家的使命担当》,载《中国高校科技》2018年第1期,第4页。

定了自己的科研创新规划，可以说，一个较为完整、配套的国家科技创新规划体系已经建成。学科平台建设对标国际一流，综合性国家科学中心、试点国家实验室、国家重点实验室等国家级科研平台逐步优化整合，逐步显示出其资源、人才、学科聚合优势。

虽然取得了很大的成绩，但对标创新型国家，我国的科技创新能力还存在较大的差距。美国、德国、芬兰、韩国等20多个创新型国家和地区具备四个主要特征：一是研发投入占GDP的比重在2%以上；二是科技进步贡献率在70%以上；三是对外技术依存度在30%以下；四是所获得的三方专利拥有量快速增长并在全世界范围内占较大比重。而目前我国科技进步贡献率为57.5%，高技术产品自主品牌出口率约为10%，关键技术对外技术依存度超50%；2014年我国三方专利拥有量为2582项，占全球的5.1%，排在世界第5位。现在全世界R&D占GDP比例最高的韩国和以色列，比例已经达到4.0%，日本提出到2020年R&D占GDP比例要达到4.0%，我国2017年是2.12%，和发达国家相比差距还很大。我国绝大多数创新指标与发达国家相比还存在明显差距。我国自主创新能力不足、关键领域核心技术自主创新存在瓶颈、技术供给与社会需求的结构性矛盾突出等问题，已经成为制约传统产业转型升级和新兴产业快速发展的一大短板。[①]综合起来看，加快建设创新型国家是在我国科技取得巨大进步、科技发展新起点上提出的，是我国新时代的重大战略。

二、加快建设创新型国家是抢抓新科技革命和产业变革历史机遇、提高国际竞争力的战略举措

世界范围内新一轮科技革命和产业变革正在兴起，全球科技创新进入密集活跃期。伴随着物联网、云计算、大数据、第五代移动通信技术等新一代信息技术与用户创新、开放创新、大众创新、协同创新等创新模式结合，当今全球科技创新已进入革命性颠覆式创新阶段。颠覆性创新成果加速催生新的产业组织和商业模式。大数据、云计算、移动互联网等新一代信息技术同机器人和智能制造技术相互融合步伐加快，正在引发国际产业分工重大调整，进而重塑世界竞争格局、改变国家力量对比。一次次科技革命，催生出一个个经济强国。从蒸汽时代到电气时代再到信息化时代，每一次科技革命都深刻地改变了人们

---

① 张彬、李春晖：《"新经济"背景下提升我国科技创新能力的策略研究》，载《经济纵横》2018年第2期。

生态功能成为乡村经济功能提升和效益提高的新途径,也要为庭院经济、乡村手工业得以存在和发展提供空间。一是树立和践行绿水青山就是金山银山的理念,落实节约优先、保护优先、自然恢复为主的方针,统筹山水林田湖草系统治理,严守生态保护红线,以绿色发展引领乡村振兴。二是把农村的优势资源挖掘并发挥出来,把农村的生态资源保护好,将其变成金山银山。三是在汲取我国传统农业精华和借鉴国内外经验教训的基础上,实现生产方式新的转变。大力发展生态循环农业,从保护农业环境出发,运用高新技术、科学管理、现代装备等现代文明成果改造传统农业,提升农产品供给质量,促进农业生态的良性循环,推动全面绿色发展,实现经济效益、社会效益、生态效益的高度统一,使整个农业生产步入可持续发展的良性循环轨道,把人类梦想的"青山、绿水、蓝天、生产出来的都是绿色食品"变为现实,是实现乡村振兴的着力点。四是开拓和发展乡村生活价值和文化功能。村落形态与格局、田园景观、乡村文化与村民生活连同乡村环境一起构成重要的乡村资源,同时也是有别于城市文化和居民生活环境的乡村文化重要内容,特别是诸如耕作制度、农耕习俗、节日时令、地方知识和生活习惯等活态的农业文化,都可以成为乡村发展和产业兴旺的新资源。保持传统乡村风貌,传承农耕文化,加强重要农业文化遗产发掘和保护,发展文旅农融合产业,把乡村生态、生活、教育等价值转变成财富资源,发展乡村休闲、观光、体验等新兴产业。扶持建设一批具有历史、地域、民族特点的特色景观旅游村镇。提升休闲农业与乡村旅游示范创建水平,加大美丽乡村推介力度,成为乡村振兴着力点。

三、满足美好生活需要,推进农业高质绿色发展

以人民为中心是习近平新时代中国特色社会主义思想的重要内容,其落脚点是更好满足人民日益增长的美好生活需要。满足美好生活需要是乡村振兴战略实施的重要任务和内容。满足人民群众不断升级的美好生活需求:一是适应消费结构升级,加快农业高质绿色发展。随着人民收入水平的提高,城乡居民消费结构日益升级,对农业发展提出了更高期待和更多要求,对"有没有""够不够"不太关注,而是更加关注"好不好""优不优"这个问题。大路货摆在路边无人问津,品质一般的水果价格很低也卖不出去,优质、绿色、品牌农产品即使价格高也抢着买。这就要求我们不仅要满足量的需要,还要提供多层次、多样化、个性化、优质生态安全的农产品,同时还要提供清新美丽的田园风光、洁净良好的生态环境。二是缓解农业资源环境压力,推进农业高质量

绿色发展。长期以来，我国依靠拼资源拼消耗实现数量增长的农业发展方式，比如，耕地资源超强开发，大水漫灌的用水方式，以及过度养殖、过度捕捞、过度放牧等问题倒逼我们必须加快转变农业生产方式，把绿色发展摆到突出位置，加快发展资源节约型、环境友好型农业，走高质量绿色发展道路。

实现农业高质量发展必须加快推进产业全面转型升级，必须要牢牢把握高质量发展的要求，坚持以农业供给侧结构性改革为主线，坚持质量兴农、绿色兴农，深入推进结构调整，优化生产力布局，突出农业绿色化、优质化、特色化、品牌化，既要产得出、产得优，也要卖得出、卖得好，不断提升我国农业综合效益和竞争力。归纳起来，就是要做到"六个高"。一是产品质量高。就是生产的农产品在保障人的健康安全的基础上，口感更好、品质更优，营养更均衡、特色更鲜明。这就要求我们大幅提升绿色优质农产品供给，不断丰富农产品的种类、花样，更好满足个性化、多样化、高品质的消费需求，实现农业供需在高水平上的均衡。二是产业效益高。就是搞农业不仅要有赚头，还要有奔头，与从事第二、第三产业相比，农业经营的收入水平大体相当。这就需要全面构建现代农业产业体系、生产体系、经营体系，加快推进农村第一、第二、第三产业深度融合，充分挖掘农业多种功能，促进农业业态更多元、形态更高级、分工更优化，农业增值空间不断拓展。三是生产效率高。就是生产更加绿色，资源更加节约，环境更加友好，劳动生产率、土地产出率、资源利用率全面提高。这就要求我们加快推进资源利用方式由粗放向节约集约转变，增强科技创新的驱动作用，释放农业农村改革发展活力，推动农业绿色低碳循环发展。四是经营者素质高。就是从事农业生产的主体不再是老人妇女儿童，而是有一批爱农业、懂技术、善经营的新型职业农民；农民不再是身份的象征，而是成为有吸引力的职业。这就要求我们以吸引年轻人务农、培育职业农民为重点，加快培育新型经营主体，壮大农业社会化服务组织，发展多种形式的适度规模经营，示范引领农业高质量发展。五是国际竞争力高。就是我国的农业生产，与国外相比，要实现同样的产品我们价格有优势，同样的价格我们品质有优势，同样的品质我们服务有优势。这就要求因地制宜实施差别化发展，大宗农产品要在上规模、降成本上下功夫，特色农产品要在增品种、提品质上下功夫，做到人无我有、人有我优、人优我特，实现由农业贸易大国向农业贸易强国的转变。六是农民收入高。就是要让农业发展成果更多惠及广大农民，不仅让新型经营主体受益，还要让小农户平等分享农业高质量发展的成果。这就要求我们既要发挥新型经营主体的示范引领作用，又要引导推动他们与小农户建立紧密的利益联结机制，通过保底分红、股份合作、利润返还等方式，带动农民分享农业产业链增值收益，实现小农户与现代农业发展有机衔接。

实现农业高质量发展，需要思想、政策、工作、考核等全方位的转变。一是思想观念要从数量优先转向质量第一。牢固树立质量第一、效益优先的理念，坚持质量就是效益、质量就是竞争力，围绕提升质量来谋划开展工作。二是政策支持要从增产导向转向提质导向。改变传统扶持增产政策目标，改变生产环节支持重点，给钱给物的支持方式。加快制定相应的政策体系，推动科技研发、农业补贴、项目投资等主要投向绿色发展、质量提升、效益提高等方面。三是工作方法要从行政推动转向注重市场引导。运用市场手段、市场机制、价格手段倒逼农业发展变革，运用信息化手段推进互联网、大数据、人工智能等与农业深度融合；注重发挥农民群众的主体作用，深化农业领域"放管服"改革，创新优化政府服务，让农民以及新型农业经营主体更好地发挥主体作用。四是考核方式要从考核总量转向注重考核质量效益。构建推动农业高质量发展的考核评价体系，促进环境友好、绿色发展、质量安全、带动小农户增收，引导人才、科技、装备等各方面力量聚合到质量兴农上来。五是需要各方面齐心协力共同参与。要加强沟通协调，积极争取发改、财政、卫生、质监、食药、科技、教育等部门的大力支持。同时，营造良好的社会氛围，积极引导金融资本、工商资本和民间资本共同参与、合力推动。

四、构建农业现代新体系　培育农业发展新动能

党的十九大报告提出："构建现代农业产业体系、生产体系、经营体系，完善农业支持保护制度，发展多种形式适度规模经营，培育新型农业经营主体，健全农业社会化服务体系，实现小农户和现代农业发展有机衔接。促进农村第一、第二、第三产业融合发展，支持和鼓励农民就业创业，拓宽增收渠道。"这是对如何发展中国特色现代农业的深入阐述，也是乡村振兴战略的重要组成部分。

（一）确保粮食安全和种粮农民收入持续稳定增长

粮食安全的基点将放在藏粮于地、藏粮于技上，着力于提高农业的综合生产能力，注重农业技术创新，确保粮食生产潜能，确保急用时粮食能够产得出、供得上。同时要改革和完善农业支持保护体系，在坚持推进市场导向的主要农产品价格形成机制和粮食收储制度改革的同时，要创新政策扶持措施来缩短各类农业经营主体经受的改革阵痛期，分担他们承受的改革成本。

(二) 培育发展多种形式的新型农业经营主体

构建现代农业经营体系,是提高农业经营效益的根本途径。要加快创新农业经营体制机制,着力培育示范家庭农场、示范合作社、重点龙头企业、社会化服务组织、示范农业产业化联合体等新型经营主体,发展多种形式的适度规模经营。

人多地少的基本国情和城镇化进程决定了中国的农业经营主体将长期呈现多元并存的格局。在我国,从事农业生产的主体仍旧是农业经营中小规模的兼业农户,要实现农业现代化,就必须实现小农户和现代农业发展有机衔接。应充分利用农村新产业新业态蓬勃兴起,带来的大量发展机会,通过扶持农业生产的各项政策,一方面着力推进农业生产社会化服务,帮助小农户与市场对接,解决小农户由于发展权利、利益分享的不均衡,知识技能的相对不足问题,通过发展社会化服务、完善与新型农业经营主体的利益联结机制等途径,帮助小农户加入现代农业产业链,提高小农户的自身发展能力,实现小农户与现代农业发展的有机衔接,使亿万小农户能够共享农业农村现代化的成果。为此,要加强农民教育培训和有针对性的扶持政策,使高素质的农业生产经营者队伍在农业中创业、致富和发展。这样不仅能解决"谁来种地"的现实难题,更能解决"怎样种地"的深层次问题,将夯实发展现代农业的人才基础,实现农民从身份到职业的转化。

(三) 加快构建农村第一、第二、第三产业融合发展体系

乡村产业兴旺不能仅仅是农业兴旺,而是要实现百业兴旺,没有第二、第三产业支撑的乡村难以振兴。但是,乡村产业兴旺并不是什么产业都能上,更不能再走"村村点火,户户冒烟"的老路,而是要按照第一、第二、第三产业融合发展的规律,围绕现代农业发展,加快构建保障农民利益、第一、第二、第三产业融合发展的乡村现代产业体系,推进乡村产业特色化、融合化、链条化、信息化发展,增强产业融合发展的协同优势,实现资源要素集聚高效利用,形成农民持续增收的态势。构建第一、第二、第三产融合的农村发展体系,要从以下几个方面入手。一是将产业融合与农村基础设施、公共服务推进相结合。把推进产业融合发展和产业集聚区建设、农村基础设施建设、农村土地整治、特色城镇建设、公共服务体系建设、科技创新推广、人才建设等工作结合起来,以现代农业产业园、特色农产品优势区、农产品加工区等为载体引导产业集聚发展,以产城融合、农村基础设施和公共服务建设等提升产业融合

发展的基础能力,以科技、人才、土地等提升产业融合发展的资源要素保障能力。二是探索产业融合发展新模式。鼓励各地在种养融合、延伸农业链条、拓展农业新功能、发展新业态等方面,因地制宜探索产业融合发展新模式,建立完善产业融合发展的利益联结机制,让农民能够分享到产业链延伸、价值链升级的利益,从而激发融合发展的内生动力。充分挖掘和拓展农业的多功能性,促进农业产业链条延伸;促进农业与第二、第三产业尤其是文化旅游产业的深度融合,大力发展农产品加工和农村新兴服务业。培育引进新型产业融合发展主体,引导大中专毕业生、新型职业农民、本土返乡人员、乡村干部等领办农民合作社。鼓励产业链经营主体和科研服务企业共同组建产业联盟,开展协同创新、共创品牌、统一营销等。引进培育农业产业化龙头企业,带动农户和农民合作社发展适度规模经营。三是营造良好的政策环境和服务环境。统筹财税、土地、投融资政策,促进政策联动,提升跨部门协同服务能力,为第一、第二、第三产业深度融合营造良好的政策环境和服务环境。

五、加强农村基层基础工作,构建乡村治理新体系

习近平总书记指出:"要推动乡村组织振兴,打造千千万万个坚强的农村基层党组织,培养千千万万名优秀的农村基层党组织书记,深化村民自治实践,发展农民合作经济组织,建立健全党委领导、政府负责、社会协同、公众参与、法治保障的现代乡村社会治理体制,确保乡村社会充满活力、安定有序。"[①] 党的力量来自组织,组织能使力量倍增。实施乡村振兴战略,加快推进农业农村现代化,必须着力推进组织振兴,打造坚强的农村基层战斗堡垒。

乡村振兴,治理有效是基础,抓好农村基层组织建设是开展全局工作的前提。只有建立起科学高效的农村基层组织体系,乡村治理才会有坚强的领导力量。改革开放以来,随着我国农村环境的迅速变化和城乡交流程度的加深,"三农"问题呈现出日益多元化复杂化的特点,这对农村基层工作提出了更大的挑战。然而农村基层组织作为直接接触农村群众的第一线,却时常表现出工作能力不足,效率低下等问题,一些基层党组织长期存在不作为甚至乱作为的现象,这严重影响了我们党在人民群众中的形象。因此,我们必须加强农村基层党组织建设,把农村基层党组织建成坚强战斗堡垒,严防损害农民切身利益

---

① "习近平参加山东代表团审议",中国青年网,2018年3月8日,http://news.youth.cn/sz/201803/t20180308_11484642.htm。

的不正之风和小微权力腐败发生。

党的十九大报告提出，健全自治、法治、德治相结合的乡村治理体系，这是首次在党的重要报告中将自治、法治、德治相结合应用到乡村治理体系之中，同时也适用于中国基层社会治理模式。一是乡村振兴，村民自治是重要组成部分。党的十九大报告指出，加强社会治理制度建设，完善党委领导、政府负责、社会协同、公众参与、法治保障的社会治理体制，提高社会治理的社会化、法治化、智能化、专业化水平。经过近40年的实践探索，村民自治逐步形成了决策权、执行权和监督权适度分离而又相互制约的结构体系，有力地推动了农村基层政治生态健康发展，促进了农村经济社会繁荣稳定。然而，在实践中各种复杂因素的影响，村民自治出现了秩序维护功能弱化等问题。乡村振兴，必须深化村民自治实践，加强农村群众性自治组织建设，完善和提升村民自我管理的机制和能力。二是要建设法治乡村，树立依法治理理念，强化法律在农村各项工作中的权威地位，让知法、懂法、守法的法制观念深入广大农民的心中。建设法治乡村，维护农民权益是根本。法律的有效治理不仅仅追求"定纷止争"的维稳目标，而要以依法维权树立法律权威，获得全民自觉守法的治理状态。优化普法机制，将法律文本"交"给农民转换为将法律知识"教"给农民，提高农民法治素养和维权能力。三是要重视德治，强化道德教化的作用，树立乡村道德模范，发挥榜样的引领效应，塑造新时代的乡贤文化。提升乡村德治水平。要加大社会主义核心价值观的宣传教育，充分汲取地域文化，如徽州地区传统村规民约中蕴藏的乡村治理智慧，结合时代要求进行创新。深入挖掘农耕文化蕴含的优秀思想观念、人文精神、道德规范，充分发挥其在凝聚人心、教化群众、淳化民风中的重要作用。建立道德激励约束机制，引导农民自我管理、自我教育，实现家庭和睦、邻里和谐、干群融洽。

六、构建双向流动体制机制　强化乡村要素支撑作用

长期以来，资金、土地、人才等各种要素单向由农村流入城市，造成农村严重"失血""贫血"。实施乡村振兴，要抓住"人、地、钱"等关键环节，破除体制机制障碍，推动城乡要素自由流动、平等交换，促进公共资源城乡均衡配置和要素平等交换，建立健全城乡融合发展的体制机制和政策体系，加快工农互促、城乡互补、全面融合、共同繁荣的新型工农城乡关系的建立。建立健全城乡融合发展体制机制和政策体系，关乎社会主义现代化建设全局。一是要完善城乡要素合理流动体制机制，抓住"人、地、钱"关键环节，打破乡

村要素净外流的局面，打通乡村要素进城与下乡通道，引导更多的资金、管理、技术、人才等要素向乡村流动。二是推进城乡公共资源均衡配置和基本公共服务均等化，全面改善农村生产生活条件，推动新型城镇化与乡村振兴"双轮驱动"，促进城镇和乡村协调并进、相得益彰。

破除城乡要素流动的体制机制障碍，引导和推动资本、技术、人才等高端要素向农业农村流动，形成产业、人才、技术、资金汇聚的良性循环。强化科技支撑力度，着力深化农业科技成果转化和推广应用体制改革，实施种业创新、智慧农机、农产品精深加工等农业科技研发专项，加大对农业的科技投入。支持建立政产学研协同创新联盟，实现全产业链创新。推动科研院所和乡村产业对接，引导新品种、新技术、新机械进入现代农业示范区、现代农业产业园等，加快新品种、新技术、新机械的推广应用步伐。

实施乡村振兴战略，要健全投入保障制度，创新投融资机制，加快形成财政优先保障、金融重点倾斜、社会积极参与的多元投入格局，解决好"钱从哪里来"的问题。公共财政要以更大力度向"三农"倾斜，确保财政投入与乡村振兴目标任务相适应；要调整完善土地出让收入使用范围，进一步提高农业农村投入比例；要提高金融服务水平，推动农村金融机构回归本源，把普惠金融重点放在农村。强化现代金融的支农力度，引导金融机构创新发展能够适应农业农村特点的金融产品和服务方式，加大绿色信贷产品供给，在乡村率先全面开展普惠金融业务，督导金融机构提高在农业农村的信贷投放比重。加大政策性银行的政策支持力度，通过发放抵押补充贷款等方式支持农业农村发展，把更多金融资源配置到农村经济社会发展的重点领域和薄弱环节，确保投入力度不断增强、总量持续增加。

乡村振兴关键在人，要让农民成为一种让人向往的职业，造就亿万懂农业、爱农村的职业农民，这将是振兴乡村的生力军。因此，实现乡村振兴，必须把亿万农民群众的积极性、主动性、创造性调动起来。过去，我们或多或少或轻或重存在重物轻人的现象，表现在只注重农产品的数量指标增长，不看重务农队伍素质提高和职业化，加上城乡教育、科技、卫生、文化等公共资源投入失衡，导致农村人口素质偏低、人才缺乏。因此，乡村要振兴必须让农民真正成为产业兴旺的参与者、引领者和受益者，让农民真正富起来，留住农村青年人才，提升农民的获得感、幸福感和安全感，才能真正使乡村振兴从"输血"向"造血"转变。为此，实施乡村振兴，一是要加大对农民的免费培训力度，就地培育更多创新能力强的新型职业农民，造就一大批农村专业人才队伍，提高农民参与产业发展的能力。二是要注重解决农村人口和农业劳动力的老龄化问题，引导部分农民工返乡，来自农村的大学生回乡，城市的科技人员下乡，各类群体到农村去创业创新，高起点发展现代农业和农村第二、第三产业。三是强化乡村振兴人才支撑体系建设，强化城乡、区域、校地之间人才培养合作与交流，建立科技、专业人才统筹使用制度，形成技能培训、学历教育、实践锻炼等多种方式融合的人力资源开发机制，不断提高人才服务保障能力。四是充分发挥相关部门职能作用，着力统筹资源、深化改革、加强协调、完善服务，加快建设一支以职业农民为主体、以科技人才为引领、以专业人才为保障、以乡土人才为特色的农业农村人才队伍。

参考文献

[1] 董峻、高敬等："谱写新时代乡村全面振兴新篇章——2017年中央农村工作会议传递六大新信号"，新华网，2017年12月30日，http：//m. xinhuanet. com/2017 – 12/30/c_1122188285. htm。

[2] 郭红军：《实施乡村振兴战略的重大现实意义》，载《光明日报》2018年7月13日。

[3] 韩长赋："大力实施乡村振兴战略"，光明网，2017年12月11日，https：//baijiahao. baidu. com/s？id = 1586454016461510847&wfr = spider&for = pc。

[4] 韩长赋：《全面深化农村改革：农业农村现代化的强大动力》，载《求是》2018年7月2日。

[5] 姜长云：《实施乡村振兴战略要把握三个重点》，载《经济日报》2018年6月7日。

[6] 李云龙："谱写新时代乡村全面振兴新篇章"，中国网，2018年2月11日，http：//www. china. com. cn。

[7] "（两会受权发布）李克强说，大力实施乡村振兴战略"，新华网，2018年3月5日，http：//m. xinhuanet. com/politics/2018 – 03/05/c_1122488374. htm。

[8] 林凤霞：《以产业兴旺为基础推进乡村振兴》，载《河南日报》2018年5月10日。

[9] 秦中春：《把握实施乡村振兴战略的重大意义和工作重点》，载《中国经济时报》2017年11月15日。

[10] 秦中春："实施乡村振兴战略需要把握的工作重点"，国务院研究发展中心，2018年1月11日，http：//www. drc. gov. cn/xscg/20180111/182 – 473 – 2895326. htm。

[11] 山东省人民政府：《山东省乡村振兴战略规划》（2018~2022年）。

[12]"习近平强调，贯彻新发展理念，建设现代化经济体系"，新华网，2017年10月18日，http：//www.xinhuanet.com//2017-10/18/c_1121820551.htm。

[13]赵阳等：《乡村振兴举什么旗走什么路》，载《人民日报》2018年2月6日。

[14]"中共中央 国务院关于实施乡村振兴战略的意见"，新华网，2018年2月24日，http：//www.xinhuanet.com/politics/2018-02/04/c_1122366449.htm。

[15]"中央农村工作会议在北京举行 习近平作重要讲话"，新华网，2017年12月29日，http：//www.xinhuanet.com/2017-12/29/c_1122187923.htm。

[16]祝卫东等：《全面振兴乡村怎么干》，载《人民日报》2018年2月7日。

第六章
实施区域协调发展战略

党的十九大报告指出，我国社会主要矛盾已经转化为人民日益增长的美好生活需要和不平衡不充分的发展之间的矛盾。不平衡不充分的发展，严重制约了人民日益增长的美好生活需要，发展质量和效益、创新能力、生态环境、民生短板、城乡区域发展和收入分配等方面还面临不少难题。解决这些发展不平衡不充分的问题，必须在"创新、协调、绿色、开放、共享"的新发展理念指引下，进一步增强区域发展的协调性和协同性。实施区域协调发展战略，作为"使全面建成小康社会得到人民认可、经得起历史检验"[①]的重要举措，在全面建成小康社会进程中具有不可替代的重要作用。实施区域经济协调发展战略，一是解决区域怎么发展，这涉及发展不充分的问题；二是解决区域之间的关系，这涉及发展不平衡的问题。

第一节 实施区域协调发展战略的重大意义

党的十九大报告指出："实施区域协调发展战略""建立更加有效的区域协调发展新机制"，是新时代解决人民日益增长的美好生活需要和不平衡不充分的发展之间的矛盾的重要途径，对践行新发展理念、加快建设现代化经济体系、实现高质量发展、完成"两个一百年"奋斗目标，促进我国经济社会持续健康发展具有重大战略意义。

---

① "习近平在省部级主要领导干部'学习习近平总书记重要讲话精神，迎接党的十九大'专题研讨班开班式上发表重要讲话"，中国政府网，2017年7月27日，http：//www.gov.cn/xinwen/2017－07/27/content_5213859.htm。

第六章　实施区域协调发展战略

一、实施区域协调发展战略是实现"两个一百年"奋斗目标的根本途径

区域发展战略历来是我国经济社会发展战略的重要组成部分。我国国土辽阔，是世界第三大国，但国土空间存在着明显的多样性、非均衡性和脆弱性，加之人口众多，地区间经济社会发展不平衡不协调的问题突出，特别是革命老区、民族地区、边疆地区、贫困地区等基础设施和公共服务设施依然较为薄弱，老少边穷等地区脱贫压力较大。未来5年我国国内生产总值年均增长率要保持在6.5%以上[1]。实现这样的增长目标，需要在遵循经济规律的前提下，发挥市场在资源配置中的决定性作用和更好发挥政府作用，要"形成沿海沿江沿线经济带为主的纵向横向经济轴带""加快城市群建设发展"，培育和形成规模不等的区域经济增长极。

从党的十九大到二十大，是"两个一百年"奋斗目标的历史交汇期，我们既要准确研判国际国内形势，又要客观分析我国发展条件，放眼实现社会主义现代化和中华民族伟大复兴，在全面建成小康社会的基础上，分两步走在21世纪中叶建成富强民主文明和谐美丽的社会主义现代化强国。其中，第一阶段即从2020年到2035年的发展目标之一是实现"城乡区域发展差距和居民生活水平差距显著缩小"，第二阶段即从2035年到21世纪中叶的发展目标之一是"全体人民共同富裕基本实现"。这就从国家战略层面明确了区域协调发展战略在关键阶段的关键任务，就是在继续保持经济发展效率的前提下更加注重公平问题，更加注重区域协同发展。首先，是增进社会公平，防止区域之间发展差距过大，是全面建成小康社会的必然要求，也是促进可持续发展的现实需要。国家将加大对革命老区、民族地区、边疆地区、贫困地区的支持力度。这将有力推动欠发达地区发展，确保这些地区的人民与全国人民一道共同迈入全面小康社会。其次，是要建设美丽中国，各地发展必须与其资源环境承载力相适应，不能超越生态系统的许可限度。国家将强化主体功能区作为国土空间开发保护基础制度的作用，推动各地区依据主体功能定位发展。这将提高社会经济活动空间格局与资源环境承载力空间格局的匹配度，促进人与自然和谐发展。

---

[1] 《中共中央关于制定国民经济和社会发展第十三个五年规划的建议》（单行本），人民出版社2015年版，第51页。

二、实施区域协调发展战略是推进经济高质量发展的重要保障

进入新时代，我国经济已由高速增长阶段转向高质量发展阶段，正处在转变发展方式、优化经济结构、转换增长动力的攻关期，区域经济发展必须加快实现质量变革、效率变革、动力变革。区域经济发展不仅影响国民经济总量，也影响国民经济结构；不仅影响国民经济整体效率，也影响社会发展公平性；不仅影响经济社会发展，也影响人与自然关系[①]。实施区域协调发展战略是保持经济平稳运行和高质量发展的重要支撑，实施区域协调发展战略，推动各区域缩小基本公共服务差距，实现基本公共服务均等化；提升区域间互联互通，推动区域互动、城乡联动、陆海统筹；促进生产要素自由流动，提高资源空间配置效率；依据主体功能定位发展，充分发挥比较优势，推动各区域加快转变发展方式、优化经济结构和转换增长动力，进而实现更高质量、更有效率、更加公平、更可持续的发展。

实现经济高质量发展，必须拓展发展新空间，释放新动能。提高资源要素的空间配置效率，是提高经济运行质量和效率的重要途径之一。按照"十三五"规划纲要的要求，塑造要素有序自由流动的区域协调发展新格局，将进一步促使区域分工合理化，提高各地生产专业化水平，提高资源要素空间配置效率。随着大规模基础设施特别是高速铁路网和通信网的建设，我国区域间互联互通达到前所未有的水平，为从整体上形成东西南北纵横联动区域发展新格局创造了条件。城镇化进程加快，城市群和大都市圈在经济社会发展中推动作用越来越重要。实施区域协调发展战略，将区域、城乡、陆海等不同类型、不同功能的区域纳入国家战略层面统筹规划、整体部署，推动区域互动、城乡联动、陆海统筹，进一步优化空间结构、拓展发展新空间，促进新旧动能转换。

三、实施区域协调发展战略是建设现代化经济体系的必然选择

区域经济是国民经济体系的重要组成部分。党的十九大报告提出了"开启全面建设社会主义现代化国家新征程"的七大战略，实施区域协调发展战略作为重要举措，也是"贯彻新发展理念，建设现代化经济体系"的必然选择。2018年1月30日，习近平总书记在中共中央政治局围绕建设现代化经济体系

---

① 张军扩、侯永志：《开创区域协调发展新局面》，载《人民日报》2016年8月5日，第7版。

进行集体学习时指出："要积极推动城乡区域协调发展，优化现代化经济体系的空间布局，实施好区域协调发展战略，推动京津冀协同发展和长江经济带发展，同时协调推进粤港澳大湾区发展。"[①]

通过实施区域协调发展战略，将从两个方面有助于现代化经济体系的建设[②]。一是可以促进现代化经济体系空间布局的形成。改革开放以来，我国经济高速增长在一定程度上是以高耗能为代价的，原先的经济空间布局受制于资源禀赋。随着经济发展进入新常态，高耗能等落后产能逐渐淘汰，绿色低碳、创新引领成为现代化经济体系的重要标志。通过实施区域协调发展战略，促进人口、经济和资源、环境的空间均衡，进而实现各区域更高质量、更有效率、更加公平、更可持续的发展，有助于构建现代化经济体系的战略空间。二是将促进现代化经济体系产业协同发展。我国现阶段各地区面临着产业老化、同化等问题，建立现代化经济体系必须不断促进传统产业优化升级，加快发展现代服务业。对于落后产业，要敢于淘汰转型，积极寻找经济发展新动能，科学制定产业定位和发展规划，将整个产业布局优化统筹，推动各地区依据主体功能定位发展，这对于提高我国经济发展质量和效益、建设现代化经济体系将发挥重要支撑作用。

四、实施区域协调发展战略是贯彻落实新发展理念的内在要求

党的十九大报告指出，要"贯彻新发展理念，建设现代化经济体系。实施区域协调发展战略，建立更加有效的区域协调发展新机制"。因此，要把促进区域协调发展放到突出重要的位置，让区域政策与财政、货币、产业政策一道成为国家重要经济政策，实施区域协调发展战略是"贯彻新发展理念、建设现代化经济体系"的内在要求。在新发展理念中，协调发展强调增强发展的整体性，旨在促进城乡区域协调发展、经济社会协调发展以及新型工业化、信息化、城镇化、农业现代化同步发展的过程中，根本解决不平衡不协调的问题，而实施区域协调发展战略，就是通过具体实践政策将协调发展理念贯彻落实。

十九大报告指出，要增强发展的协调性，就是要在加强薄弱领域中增强发展后劲，促进我国各大板块之间协调互动，强化举措推进西部大开发形成新格

[①] "习近平：深刻认识建设现代化经济体系重要性推动我国经济发展焕发新活力迈上新台阶"，中国政府网，2018年1月31日，http://www.gov.cn/xinwen/2018-01/31/content_5262618.htm。

[②] 张秀生、黄鲜华：《实施区域协调发展战略的重大意义》，载《光明日报》2018年4月2日，第11版。

局，深化改革加快东北等老工业基地振兴，发挥优势推动中部地区崛起，创新引领率先实现东部地区优化发展，建立更加有效的区域协调发展新机制。要建立大城市与小城镇协调发展的新格局，以京津冀协同发展为建设标杆，为全国实现地区间区域协调发展提供经验样板，以生态保护为导向发展长江经济带，支持资源型城市转型。还要做好区域协调发展内外两个层次，加快边疆发展，建设海洋强国，努力塑造要素有序自由流动、主体功能约束有效、基本公共服务均等、资源环境可承载的区域协调发展新格局。将生态文明与全方位对外开放放在区域协调发展过程中更突出的位置，旨在践行绿色发展与开放发展理念，在促进协调发展的过程中始终不忘绿色发展与开放发展。

五、实施区域协调发展战略是打赢精准脱贫攻坚战的强大支撑

打赢精准脱贫攻坚战，保证现行标准下的脱贫质量，要瞄准特定贫困群众精准帮扶，向深度贫困地区聚焦发力。实施区域协调发展战略，支持革命老区、民族地区、边疆地区、贫困地区加快发展，要紧紧抓住集中连片特殊困难地区这个重点，拉长农村贫困人口脱贫这个短板。深入实施东西部扶贫协作，重点攻克深度贫困地区脱贫任务，坚决打好精准脱贫攻坚战，确保到2020年我国现行标准下农村贫困人口实现脱贫、贫困县全部摘帽、解决区域性整体贫困。通过实施区域协调发展战略，健全地区间帮扶机制，加大促进贫困地区脱贫力度，保证这些地区与全国人民一道实现全面小康。在此基础上，踏上新征程，实现全体人民共同富裕。从现在到2020年，是全面建成小康社会的决胜期。全面建成小康社会，最艰难最繁重的任务在农村，特别是在贫困地区。党的十九大报告强调："确保到2020年我国现行标准下农村贫困人口实现脱贫，贫困县全部摘帽，解决区域性整体贫困。"我国贫困问题的区域性特征，决定了要打赢精准扶贫攻坚战，必须与区域协调发展战略结合起来。

第二节 实施区域协调发展战略的思路和重点

党的十九大报告根据我国社会主要矛盾的变化，立足我国区域差异大、发展不平衡的基本国情，统筹内外、放眼全局，提出今后一个时期实施区域协调发展战略的主要任务和战略取向，就是要紧紧围绕区域协调发展这个核心目标，将各项任务落实到位，进一步开创我国区域协调发展新局面。

第六章　实施区域协调发展战略

一、加大力度支持革命老区、民族地区、边疆地区、贫困地区加快发展

老少边穷地区是我国特殊类型困难地区。党的十八大以来，以习近平同志为核心的党中央采取一系列举措，推动贫困地区脱贫攻坚，支持革命老区开发建设，促进民族地区健康发展，推进边疆地区开发开放，老少边穷地区面貌发生前所未有的变化。党的十九大报告进一步将老少边穷地区放在区域协调发展战略的优先位置，体现了党中央加快老少边穷地区发展的决心。要加大力度支持老少边穷地区改善基础设施条件，提高基本公共服务能力，培育发展优势产业和特色经济，加强生态环境建设，真正为老少边穷地区加快发展创造条件。需要指出的是，我国陆地边境线长2.2万公里，与14个国家接壤，随着"一带一路"建设加快推进，边疆地区在区域发展格局中的重要性日益凸显。要加快边疆发展，提升沿边开发开放水平，加强边疆地区基层治理能力建设，巩固和发展民族团结进步事业，确保边疆巩固、边境安全。

二、继续实施区域发展总体战略

十九大报告指出，要强化举措推进西部大开发形成新格局，深化改革加快东北等老工业基地振兴，发挥优势推动中部地区崛起，创新引领率先实现东部地区优化发展，建立更加有效的区域协调发展新机制。从20世纪末以来，我国逐步形成西部开发、东北振兴、中部崛起、东部率先的区域发展总体战略。党的十八大以来，以习近平同志为核心的党中央统筹内外、着眼全局，提出建设"一带一路"倡议和京津冀协同发展、长江经济带发展战略，推动形成东西南北纵横联动发展新格局，增强了中西部地区与沿海地区经济联系，拓展了中西部地区对外开放空间。

今后一个时期，要强化举措推进形成西部大开发新格局，加快建设内外通道和区域性枢纽，完善基础设施网络，提高对外开放和外向型经济发展水平。加快培育发展符合西部地区比较优势的特色产业和新兴产业，增强产业竞争力。加强生态环境建设，筑牢国家生态安全屏障。深化改革加快东北等老工业基地振兴，必须从深化改革上找出路，加快转变政府职能，减少政府对市场主体的不合理干预。深化国有企业改革，真正确立国有企业的市场主体地位，增强市场竞争力。进一步扩大改革开放，积极改善营商环境，形成有活力的体制

机制，促进民营经济发展。发挥优势推动中部地区崛起，加强综合立体交通枢纽和物流设施建设，发展多式联运，构建现代综合交通体系和物流体系。加快建设现代产业体系，依托功能平台承接产业转移，发展现代农业、先进制造业和战略性新兴产业，培育一批有国际竞争力的产业集群，积极开展国际产能和装备制造合作。创新引领率先实现东部地区优化发展，必须加快在创新引领上实现突破，充分利用和拓展创新要素集聚的特殊优势，打造具有国际影响力的创新高地。率先实现产业升级，引领新兴产业和现代服务业发展，打造全球先进制造业基地。率先建立全方位开放型经济体系，更高层次参与国际经济合作和竞争，增创扩大开放新优势。尤其是"一带一路"倡议，通过国际合作实现中国国内的区域协调发展，这极大地拓展了中国经济活动的回旋余地，为中国经济持续增长找到了新的引擎。

三、以城市群为主体构建大中小城市和小城镇协调发展的城镇格局

党的十九大报告强调，以城市群为主体构建大中小城市和小城镇协调发展的城镇格局，这是党中央遵循城市化和城市空间布局规律，进一步强化城市群在我国城镇化战略格局中的主体地位。通过城市群的科学规划、合理布局，更好发挥城市群内部不同城市和小城镇相对密集分布、规模经济和范围经济显著、分工协作关系紧密的优势，形成大中小城市和小城镇协调发展的城镇格局。这也是新时代对新型城镇化建设提出的新要求，即要紧紧抓住人的城镇化这个核心和提高城镇化质量这个关键，以城市群为主体构建大中小城市和小城镇协调发展的城镇格局，加快农业转移人口市民化，在新起点上奋力推进新型城镇化取得新进展。

从世界城市化发展形成的城市格局规律看，城市群是各国城市化的主体空间形态，都以较少的国土空间聚集了较多的人口和要素，形成了较大的产出，是空间资源利用效率最高的地区，也是最具创新活力和国际竞争力的地区。今后一个时期，我们必须坚持以人的城镇化为核心、以城市群为主体形态、推动大中小城市协调发展，坚持产城融合、促进城市集约紧凑发展，坚持城乡融合发展、统筹实施新型城镇化战略与乡村振兴战略，坚持深化改革、破除新型城镇化体制机制障碍，推动新型城镇化高质量发展，加快农业转移人口市民化。

四、以疏解北京非首都功能为"牛鼻子"推动京津冀协同发展

十九大报告提出，以疏解北京非首都功能为"牛鼻子"推动京津冀协同

发展，高起点规划、高标准建设雄安新区。近年来，高端服务业在北京城区大规模积聚，形成了城区高密度、高强度的格局。京津冀地域面积21.6万平方公里，人口1.1亿。2016年，京津冀以全国2.3%的国土面积，承载了全国8%的人口，贡献了全国10%的GDP，全国有25%的外商直接投资落地这一区域，研发经费占到全国的15%。[1] 近年来，京津冀地区发展面临着许多困难和问题，尤其是北京大城市病突出，水资源匮乏，人口规模已近天花板，京津两市过于肥胖，周边中小城市过于瘦弱，区域发展差距悬殊，发展不平衡问题严重。推动京津冀协同发展，核心是疏解北京非首都功能，根本途径是要健全区域协调发展新机制，走出一条中国特色解决"大城市病"的路子。同时，要加快推进农业转移人口市民化、畅通农业转移人口市民化通道，并以都市圈通勤圈为抓手，通过三四线城市与城市基础设施互联互通，社会事业共建共享，提高三四线城市对人口的吸引力，疏解城市人口压力。

疏解北京非首都功能，就是要继续疏解一般性产业特别是高消耗产业、区域性物流基地、区域性专业市场等部分第三产业，推动部分教育、医疗、培训机构等社会公共服务功能和部分行政性、事业性服务机构有序迁出，高水平规划建设北京市城市副中心，优化空间格局和功能定位。推进交通、生态、产业三个重点领域率先突破，构建一体化现代交通网络，扩大环境容量和生态空间，优化产业布局，建设京津冀协同创新共同体。规划建设雄安新区，是以习近平同志为核心的党中央深入推进实施京津冀协同发展战略、积极稳妥有序疏解北京非首都功能的一项重大决策部署，要坚持"世界眼光、国际标准、中国特色、高点定位"的理念，高起点规划、高标准建设，努力将雄安新区打造成为贯彻新发展理念的创新发展示范区。

五、以共抓大保护、不搞大开发为导向推动长江经济带发展

长江经济带横贯东西、辐射南北、通江达海，是我国人口、经济、产业最为密集的经济轴带，沿长江经济轴的11省市经济总量占全国比重超45%，人口比重逾40%，优势独特[2]。近年来，随着开发强度增大，长江经济带生态环境形势日趋严峻。2016年1月5日，习近平总书记在重庆召开推动长江经济带发展座谈会时指出，"长江是中华民族的母亲河，也是中华民族发展的重要

---

[1] 蔡奇：《推动京津冀协同发展》，载《人民日报》2017年11月20日，第6版。
[2] 王一鸣：《实施区域协调发展战略》，载《经济日报》2017年11月16日，第3版。

支撑。推动长江经济带发展必须从中华民族长远利益考虑,走生态优先、绿色发展之路,使绿水青山产生巨大生态效益、经济效益、社会效益,使母亲河永葆生机活力。""当前和今后相当长一个时期,要把修复长江生态环境摆在压倒性位置,共抓大保护,不搞大开发。"①

推动长江经济带发展,必须把修复长江生态环境摆在压倒性位置,共抓大保护,不搞大开发。2018年3月10日,习近平总书记在参加十三届全国人大一次会议重庆代表团审议时指出,"如果长江经济带搞大开发,下面的积极性会很高、投资驱动会非常强烈,一哄而上,最后损害的是生态环境。过去已经有一些地方抢跑,甚至出现无序开发,违法挖河砂、搞捕捞、搞运输,岸线被随意占用等情况,如果这样下去,所谓的长江经济带建设就变成了一个'建设性'的大破坏。所以,我强调长江经济带不搞大开发、要共抓大保护,来刹住无序开发的情况,实现科学、绿色、可持续的开发。"② 保护生态环境就是保护生产力,改善生态环境就是发展生产力,要实施好长江防护林体系建设等生态保护修复工程,建设沿江绿色生态廊道。在此基础上,发挥优势,以畅通黄金水道为依托,建设高质量综合立体交通走廊,优化沿江城镇、人口和产业空间布局,强化重点城市群的集聚辐射功能,成为长江上中下游互动合作的重要支撑带,实现长江上中下游互动合作和协同发展。

六、支持资源型地区经济转型发展

党的十九大报告明确提出支持资源型地区经济转型发展,这充分体现了以习近平同志为核心的党中央对资源型地区的关怀,同时也对资源型地区平衡和处理好经济高质量发展和生态环境高水平保护之间关系,提出了新要求。毋庸置疑,过去的一个时期,我国资源型地区主要以消耗资源为主发展经济,存在资源利用效率低、生态环境被破坏、产业结构单一、发展不均衡等现象。进入新时代,我国经济也正处在转变发展方式、优化经济结构、转换增长动力的攻关期,资源型地区转型发展的艰巨性和迫切性更加凸显,要牢牢把握贯彻新发展理念、不断提高资源型经济转型发展水平,走出一条资源型经济转型发展新路子。2017年6月,习近平总书记视察山西时指出:"实现资源型地区经济转

---

① "习近平:走生态优先绿色发展之路让中华民族母亲河永葆生机活力",新华网,2016年1月7日,http://www.xinhuanet.com/politics/2016-01/07/c_1117704361.htm。
② "习近平:长江经济带开发要科学、绿色、可持续",新华网,2018年3月10日,http://www.xinhuanet.com/politics/leaders/2018-03/10/c_1122517968.htm。

型发展，形成产业多元支撑的结构格局，是山西经济发展需要深入思考和突破的重大课题。"① 这一重要讲话，为资源型地区经济转型发展，指明了方向。就是要把深化供给侧结构性改革和资源型经济转型结合起来，切实把提高供给体系质量作为主攻方向，着力加快建设实体经济、科技创新、现代金融、人力资源协同发展的产业体系，着力构建市场机制有效、微观主体有活力、宏观调控有度的经济体制，着力培育新产业新动能，在优化存量资源配置、扩大优质增量供给上取得新突破。

七、坚持陆海统筹，加快建设海洋强国

21世纪是海洋的世纪。纵观世界经济发展的历史，一个明显的轨迹，就是由内陆走向海洋，由海洋走向世界，进而走向强盛。我国是海洋大国，海洋在国家发展全局和对外开放中具有十分重要的地位，必须坚持陆海统筹，加快建设海洋强国。党的十八大以来，以习近平同志为核心的党中央，站在中华民族伟大复兴战略高度，准确把握时代大势，科学研判我国海洋事业发展形势，高度重视海洋事业发展，做出了建设海洋强国的重大战略部署。党的十九大提出，要坚持陆海统筹，加快建设海洋强国。近年来，我国海洋经济迅猛发展，极大地拓展了蓝色经济发展空间。

2018年3月8日，习近平总书记在参加十三届全国人大一次会议山东代表团审议时，对经略海洋提出了新要求，"海洋是高质量发展战略要地"。海洋是高质量发展的战略要地，加快新旧动能转换实现高质量发展，必须进一步提升经略海洋的能力，加快构建完善的现代海洋产业体系，推动海洋经济实现质量变革、效率变革、动力变革。要加快建设创新型国家，把握世界新一轮海洋科技革命和产业变革大势，深入实施创新驱动发展战略，不断增强经济创新力和竞争力。加强国家海洋科技创新体系建设，强化基础研究和应用基础研究，启动一批科技创新重大项目，高标准建设国家实验室。壮大海洋经济，坚决维护国家海洋权益。要加快发展海洋经济，优化海洋产业结构，促进海洋产业成为支柱产业，为建设海洋强国奠定坚实基础。深入实施以海洋生态系统为基础的综合管理，加大对海岸带、沿海滩涂保护和开发管理力度。统筹运用各种手段维护和拓展国家海洋权益，维护好我管辖海域的海上航行自由和海洋通道安全。

---

① "习近平：扎扎实实做好改革发展稳定各项工作"，新华网，2016年6月23日，http://www.xinhuanet.com/politics/2017-06/23/c_1121201410.htm。

第三节　实施区域协调发展战略的举措

十九大报告提出了区域协调发展的顶层设计和精准施策的具体路径，形成了区域发展全面性、整体化的战略规划。区域协调发展不仅包括区域经济发展差距的缩小，还包括区域之间按比较优势形成分工协作格局、生产要素跨区域自由有序流动与市场一体化，以及跨区域人与自然的和谐共生、生态环境区际联防联控。就是要在"创新、协调、绿色、开放、共享"的新发展理念指引下，加快培育区域增长新动能，进一步增强区域发展的协调性和协同性。

一、统筹推进"三大战略"和"四大板块"发展，优化区域发展新格局

进入21世纪以来，我国逐步形成西部开发、东北振兴、中部崛起、东部率先的区域发展总体战略和建设"一带一路"倡议、京津冀协同发展、长江经济带发展战略，推动形成东西南北纵横联动发展新格局。统筹推进"三大战略"和"四大板块"发展，将经济板块与经济轴带相结合，将重点发展和协同发展相结合，这是我国经济发展在空间格局上的重大创新，顶层设计逐渐落实为具体行动，其范围容纳的人口、经济体量在全国来看都有举足轻重的地位，彼此间存在紧密联系，共同构成当代我国区域经济空间新格局。

"四大板块"是在全国范围划分为四个互不重叠的区域，根据不同区域资源和要素特点以及发展面临的问题制定不同的区域发展战略，核心是在国土全覆盖的情况下解决如何实现区域经济的协调发展问题，但这种仅仅以地理位置并考虑行政区划的划分，一定程度上也割裂了区域之间的经济联系；"三大战略"是我国经济进入新常态背景下，针对重点区域或特定区域制定的发展战略，旨在打破地域界线，促进跨区域经济合作和深化对外开放，培育形成新的经济增长极，"要重点实施'一带一路'建设、京津冀协同发展和长江经济带战略。""四大板块"着眼于区域内部之间的经济联系，而"三大战略"则为各板块的连接提供了战略通道，形成了横跨东中西、连接南北方并沟通国际的重要经济轴带。

（一）推进"四大板块"统筹发展，必须坚持分类指导原则

中国幅员广阔、地区差异很大，必须实行因地制宜、分类指导。只有分类

指导才能提高区域政策的针对性和有效性，消除地区发展的瓶颈制约；才能充分发挥各个地区的比较优势，增强区域的核心竞争力；才能形成合理分工基础上的有序发展，促进区域一体化。对此，十九大报告提出了明确要求，即强化举措推进西部大开发形成新格局、深化改革加快东北等老工业基地振兴、发挥优势推动中部地区崛起、创新引领率先实现东部地区优化发展。这些要求都充分考虑了四大区域板块当前的具体情况，体现了很强的针对性。在实际操作中，强化举措推进西部大开发形成新格局，就是要进一步加强基础设施建设，提高市场化水平，提升基本公共服务水平和生态保障支撑能力；深化改革加快东北等老工业基地振兴，就是要创新体制机制、深化开放合作，着力优化产业结构，切实提高创新创造的水平；发挥优势推动中部地区崛起，就是要激活人才、科技、市场、资源等优势，重塑区位优势，积极发展新动能，推进城乡统筹，促进农业现代化、工业化、城镇化、信息化协调发展；东部地区则主要应该瞄准发达国家市场，以创新引领率先实现东部地区优化发展，进一步强化先行先试和创新引领的潜能，比照国际先进水平，在转型升级、体制创新和全面开放等方面继续走在全国的前列。将区域经济重点放在东部地区，是着眼于在国内方面努力实现中国梦和在国际方面争取更大的话语权并推动人类命运共同体建设两大核心任务，兼顾国际与国内发展的选择。

（二）推进"三大战略"，促进国内外区域联动发展

以"一带一路"为桥梁促进东部板块和西部板块经济的协调发展。"一带一路"强调海陆全方位的对外开放，通过互联互通建设，从地理上贯穿东西、联通南北，但主线是东西两个方向，通过连接亚欧的陆路和海上大通道，改变过去以东向西开放为主的格局，将西部从开放的后端变为前端，以向西开放带动西部优势资源开发，加快脱贫致富，从而切实推动东部率先和西部大开发紧密结合。以京津冀为枢纽促进四大板块的连接。京津冀协同发展战略通过交通协同、生态协同、产业协同，有序疏解北京"非首都功能"，治理首都"大城市病"；同时带动周边地区发展，解决京津冀三地长期以来发展不平衡的问题；最重要的目标是着眼于打造具有世界竞争力的城市群，形成国家新的经济增长极。京津冀地区是连接四大板块的重要枢纽。京津冀协同发展战略的实施不仅可以对北方经济的振兴产生辐射作用，对四大板块产生积极影响，还可以对其他城市群的内部协同提供可复制的有益经验。以长江经济带为纽带沟通东、中、西三大经济地带。长江经济带横跨东、中、西三大经济地带，覆盖11个

省市，① 依托长江黄金水道，坚持生态优先、绿色发展的理念，高起点高水平建设绿色生态走廊、综合交通运输走廊和现代产业走廊，推动上中下游地区协调发展。实施长江经济带战略，将经济增长空间从沿海向沿江内陆拓展，形成产业梯度转移、上中下游优势互补、协作互动格局，有利于缩小东中西部发展差距，保护好母亲河，建成美丽富庶、国际一流的内河经济带。

二、打造雄安新区新样板，探索人口经济密集地区优化发展新途径

促进区域协调，必须注重处理好城市群内部的协同和一体化发展问题。这是在东部、中部、西部和东北等地带间协调已形成较为完整的政策体系并取得一定成效的同时，有针对性地解决城市群内部面临的诸多难题，如各自为政、重复建设、过度集聚、大而散、"城市病"等问题。京津冀协同发展战略的关键环节，就是要高标准规划建设雄安新区，积极探索人口经济密集地区优化开发模式，这标志着作为我国城镇化主体形态的城市群的协同发展进入实质性推进阶段。

设立雄安新区是以习近平为核心的党中央深入推进京津冀协同发展、集中疏解北京非首都功能而作出的一项重大历史性战略决策。以雄安新区为样板探索人口经济密集地区优化发展新模式，具有重大的现实意义和理论意义。作为继深圳经济特区和上海浦东新区之后具有全国意义的新区，雄安新区规划建设层次更加先进高端，城市建设突出绿色、智慧，产业发展面向高端高新产业，体制机制改革更加突出市场决定、政府推动，全方位打造开放新高地和对外合作新平台。要用新发展理念和高标准的要求，把雄安新区打造成标杆工程、城市建设典范。雄安新区与其他国家级新区的不同之处在于，雄安新区具有承接北京"非首都功能"的重要任务。首都功能就是政治中心、国际交往中心、文化中心和科学创新中心，其余都属于非首都功能，不属于首都功能的陆续要转向雄安新区。比如说北京不是经济中心，因此经济方面的功能逐渐要离开北京，许多企业总部可能会搬离北京；北京不是教育中心，一些大学搬离北京；北京不是医疗中心，现在北京看病就医人员八成以上都是来自全国其他地区的人，而这些都属于非首都功能。这些非首都功能要寻找新的地方，雄安新区就是要承载北京的非首都功能。

---

① 长江经济带覆盖上海、江苏、浙江、安徽、江西、湖北、湖南、重庆、四川、云南、贵州等11省市；参见《〈长江经济带发展规划纲要〉正式印发》，发改委官网，2016年10月11日，http：//www.ndrc.gov.cn/fzggzz/dqjj/qygh/201610/t20161011_822279.html。

规划建设雄安新区,一是要明确其发展定位,形成与北京中心城区、城市副中心功能分工、错位发展的新格局。二是在新区建设中处理好政府和市场的关系。坚持政府引导、企业主导,通过科学规划和制定相关政策,鼓励社会资本与政府合作参与新区建设,引导要素有序流动,管控好房地产市场开发。三是坚持绿色发展理念。白洋淀水资源的脆弱性不容许新区进行大规模的产业开发,必须把生态环境保护放在首位。四是坚持创新驱动策略。通过政策引导首都的部分学校、医院、科研机构、金融机构、央企总部等向新区转移,把雄安打造成科技创新中心,为京津冀的发展提供新引擎。五是敢于突破体制和观念的束缚。雄安是开放发展先行区,要解放思想、大胆创新,最大限度调动一切积极因素,吸引国内外优质资源向新区集聚。

打造雄安新区建设新样板,这是调整国内空间经济发展起点,标志着中国下一步经济发展动向,就是要大幅度调整中国经济发展空间布局,先从北京开始,未来可能会推广到上海、广州和深圳。雄安新区是一个试点,是一个千年大计,通过调整空间布局,把中国经济持续向前推进,意义非同一般。

三、构建以城市群为引领的现代化城乡体系

城市化是现代化的必由之路,是解决"三农"问题的重要途径和促进社会全面进步的必然要求。打造以城市群引领的现代化城乡体系,就是要突出大城市群、特色小城镇、美丽乡村建设为重点。一般地讲,大城市群都会是一国或地区的经济核心区,聚集了高端产业和高端人才;特色小镇是新型的创新创业平台,有其独特的生产、生活和生态空间;美丽乡村是乡村振兴的重要途径,有其独特的田园风光、农业生产和村民社会治理结构,是构成我国现代化城乡体系的重要组成部分。

(一) 加快形成以城市群为主体形态的经济发展新趋势

当今世界的竞争不是单个城市的竞争,而是城市群的竞争,城市群是城镇化的主体形态。以城市群引领区域经济发展的趋势未来还会继续加强,城市群实力的增强,使得城市群所在地区发展成为区域经济的支点。在空间格局上,城市群、中小城市和小城镇将是新型城镇化的主要载体,中小城镇是接纳农村转移人口的主要承载区域。在产业发展上,城市化需要产业支撑,通过城市群集聚要素,提高服务业比重,吸纳新市民就业。目前,我国已经成型的城市群核心区域有长三角城市群、珠三角城市群和京津冀城市群,初具规模的城市群

有成渝城市群、中原城市群、长株潭城市群、关中城市群、哈长城市群、北部湾城市群，其他城市群还在形成当中。当然，由于我国地域辽阔，各地区资源承载力和环境容量差异大，各地城镇化的速度和道路不应该搞"一刀切"，城市发展也正经历从粗放到精致的转化，大城市特别是超大城市的功能正在进一步疏解。

（二）强化城市群在我国城镇化战略格局中的主体地位

通过城市群的科学规划、合理布局，更好发挥城市群内部不同城市和小城镇相对密集分布、规模经济和范围经济显著、分工协作关系紧密的优势，形成大中小城市和小城镇协调发展的城镇格局。一是要加强对城市群发展的规划引导，根据城市发展规律合理确定城市群和都市圈的范围，防止盲目扩大范围；二是要强化城市群和都市圈内现代交通、信息、电力、管道等基础设施网络的规划、布局和建设，发挥基础设施网络对城镇合理布局和分工的支撑和引领作用；三是要在统一市场、公平竞争基础上，形成合理的城市间分工协作关系，在优化和充分发挥核心城市的辐射功能的同时，把核心城市的非核心功能疏解到其他城市或小城镇，形成功能互补的协作关系，更好发挥城市群内部的大城市和小城镇的协同效应；四是要建立健全城市群内部的大城市和城镇间跨行政区的协调机制，统筹考虑一些具有跨区域影响、需要共同规划应对和相互补偿合作的问题，形成整体合力；五是坚持生态优先，合理划定城市群需要保护的绿色生态空间，合理布局环保基础设施，形成合理的生态补偿机制，促进城市群绿色可持续发展。①

（三）走有中国特色的城镇化道路

随着工业化和城市化进程的加快，大城市群作为增长极在带动本国或区域经济发展中的作用越来越明显，城市群已经成为经济发展最具活力和最具潜力的区域。与大城市群相对应，特色小（城）镇也是世界主要发达国家竞争力的重要载体。特色小镇是以特色产业和新兴产业为核心，集聚创新发展要素，形态小而环境优美，异于传统的产业园区和行政建制镇的创新创业平台，是新型城镇化模式的积极探索。十九大报告提出振兴乡村战略，建设美丽乡村成为与城镇化同等重要的战略任务，强调要促进城乡融合发展，就是要着眼于消除二元经济体制、缩小城乡居民收入差距、协调推进农业现代化与新型城镇化等

---

① 《构建协调发展城镇格局》，载《经济日报》2017年12月26日，第5版。

关键环节，建立健全城乡融合发展体制机制和政策体系。

（四）推进粤港澳大湾区城市群建设

大湾区发展一般具有便利性、集聚性和开放性等特征，往往成为区域经济发展的最适宜地区。2017年7月1日《深化粤港澳合作推进大湾区建设框架协议》正式签署。粤港澳地区在技术、资金、信息、人才、地理位置众多方面具有绝对优势，广东作为科技、产业创新中心和先进制造业、现代服务业基地，香港作为国际金融、航运、贸易中心，澳门作为世界旅游休闲中心，将在基础设施互联互通、科技创新、市场一体化建设、优质生活圈、产业协同、国际合作、重大合作平台建设等方面开展深度合作。当然，粤港澳发展定位不同，加之广东和港澳的政治制度、金融制度、法律制度各不相同，如何破除制度和行政壁垒，促进人才、资源等各种生产要素在三地无障碍地自由流动，是粤港澳大湾区在面临众多机会的同时需要应对的最大挑战，三地政府要发挥创造性的思维，探讨出创造性的政策、法规以及合作新模式。粤港澳大湾区是"一国两制"下的新型跨区域合作新模式，是包括港澳在内的珠三角城市融合发展的升级版，体现出一种新型的湾区经济模式的对外开放新格局，将为我国经济转型提供强劲的增长动力，是实现由富起来到强起来伟大飞跃的排头兵，将成为中国由经济大国变为经济强国的重要引擎。

四、深化改革推动新一轮东北老工业基地的振兴

今年是中国改革开放40周年，我们必须面对现实，坚持问题导向。自2003年国家实施振兴东北等老工业基地战略以来，特别是面对我国经济进入新常态，东北等老工业基地发展虽然有过相对较快的高增长，但进入21世纪的第二个十年以来，经济增长持续下滑，出现了前所未有的经济困局。东北地区的发展困境直接影响到我国区域经济的协调发展，影响到全面小康目标的实现，必须在体制改革、科技创新、对外开放等方面进行全方位改革，推动新一轮东北老工业基地振兴。

（一）坚决破除体制机制弊端，为加快东北等老工业基地振兴提供根本保障

制度是决定区域发展格局的最根本因素，加快东北等老工业基地振兴，必须建立有效激发各地发展活力和动力的体制机制。党的十九大报告指出："蹄

疾步稳推进全面深化改革,坚决破除各方面体制机制弊端。"要消除生产要素流动壁垒,充分发挥市场在资源配置中的决定作用,清理和废除妨碍统一高效灵活的市场建设和公平竞争的规定和做法,取缔各地违规违法出台的各种优惠政策,特别是在制定行业准入、环境保护和质量安全等标准方面坚持区域非歧视性原则,保障产品和要素在区域间自由流动;推进税制改革,形成财权和事权的财税体制,进一步加强中央事权和支出责任,将关乎政令统一、市场统一、重大战略安排的事项集中到中央,将规模性和外部性比较大的公共产品和服务事项明确为中央和地方共同事权,将地理边界比较清晰的公共产品和服务明确为地方事权;真正落实产权保护问题,贯彻《中共中央国务院关于完善产权保护制度依法保护产权的意见》不打折扣,向企业放权,保护和倡导企业家精神,凡是企业自己能完成的事,交给企业自己去完成。坚持"两个毫不动摇""两个不可侵犯",激发民营经济活力。①

(二)深化国有企业改革

改革开放 40 年,向市场化改革方向不断迈进。市场化核心阶层是企业家,关键是保护和发扬企业家精神。通过全面深化改革,再创东北地区新优势:通过创新驱动再造新优势,力争东北地区成为我国制造业强国的核心区;通过改革驱动再造新优势,力争使东北地区成为市场活力强、政府效率高、发展环境优的高端要素集聚区;通过开放驱动再造新优势,力争使东北地区成为我国与东北亚合作的先导区和"一带一路"的重要支撑区。

五、以集中连片特困区为重点,坚决打赢脱贫攻坚战

贫困人口是协调发展的突出短板,主要集中在三区三州,即西藏、新疆南疆四地州、四省藏区和四川的凉山州、甘肃的临夏州和云南的怒江州。这些深度贫困地区,脱贫难度很大,最终决定着能否能够打赢脱贫攻坚战,能否建立起经得起评价和检验的全面小康社会。2011 年国家明确指出要"把连片特困地区作为主战场"。党的十八之后"精准扶贫、精准脱贫"成为我国扶贫开发工作的新战略。习近平总书记提出"六个精准"的扶贫理念,即扶贫对象要精准、项目安排要精准、资金使用要精准、措施到位要精准、因村派人要精

---

① "中共中央国务院关于完善产权保护制度依法保护产权的意见",中国政府网,2016 年 11 月 27 日,http://www.gov.cn/zhengce/2016 - 11/27/content_5138533.htm。

准、脱贫成效要精准。以集中连片特困地区为重点,推进精准扶贫、精准脱贫是目前我国扶贫工作的关键环节。

实现地区发展与国家区域战略精准结合。集中连片特困地区的形成从本质上是区域经济发展不平衡的结果,要根据各片区的资源禀赋差异、区位优势,制定不同的精准扶贫策略,将地区发展与国家区域战略精准结合。对于那些地处"一带一路"沿线的区域,应充分利用深化对外开放的契机,争取资金促进地区交通基础设施建设,做好脱贫的基础工作;对于有特色资源地区,要根据国家产业发展目录,应因地制宜,精准确定贫困地区产业发展方向,最终依靠产业发展脱贫;对接国家金融创新工程,拓宽融资渠道和融资方式,积极寻求金融政策支持,将精准扶贫与基本公共服务均等化紧密联系,改善贫困地区的基本公共服务水平;用足用活精准扶贫和精准脱贫政策优惠,实现区域性整体脱贫,要把扶贫同扶智、扶志结合起来,注重让贫困群众树立信心和志气,鼓舞他们的斗志,弘扬愚公移山的精神,培育他们生产和务工经商的基本技能,引导他们凭勤劳和智慧实现脱贫致富。

六、用先进理念推动长江经济带发展

改革开放 40 年来,中国经济发展确实获得了巨大的成就,但整个环境遭到了巨大的破坏,生态文明改革势在必行。长江经济带开发较早,沿江重化工业密布,粗放的经济发展方式和流域管理模式使得近年来大气污染、水环境污染问题日益突出。2016 年 1 月 5 日,习近平总书记在重庆召开推动长江经济带发展座谈会指出:"当前和今后相当长一个时期,要把修复长江生态环境摆在压倒性位置,共抓大保护,不搞大开发。"[1] 稍后在中央财经领导小组第十二次会议上又指出:"推动长江经济带发展,理念要先进,坚持生态优先、绿色发展,把生态环境保护摆上优先地位,涉及长江的一切经济活动都要以不破坏生态环境为前提,共抓大保护,不搞大开发。"[2] 这些重要指示,确定了长江经济带发展新基调,一举扭转了长期以来形成的以经济开发为主导的长江发展理念和发展思路,把修复长江生态环境摆在了压倒性位置。

---

[1] "习近平:走生态优先绿色发展之路让中华民族母亲河永葆生机活力",新华网,2016 年 1 月 7 日,http://www.xinhuanet.com/politics/2016-01/07/c_1117704361.htm。

[2] "习近平主持中央财经领导小组会议 研究长江经济带发展规划",央广网,2016 年 1 月 27 日,http://finance.cnr.cn/jjpl/20160127/t20160127_521252852.shtml。

(一)"共抓大保护"

"共抓大保护"的难点和关键都是一个"共"字。难点表现在,一方面长江在自然地理上是一个完整的生态系统,但在行政地域上又横贯九省区二市,被沿江各行政区域分段节制,对长江的利益诉求有相当大的区别;另一方面是长江具有航运、供水、净化等多种功能,这些功能被不同的行政部门所管理,形成了相互隔离甚至矛盾的职能管理结构。共抓大保护的关键就在于突破分段管辖和职能分隔,实现中央和地方的共保共治、部门之间的共保共治、地方之间的共保共治、政府和社会的共保共治,进一步增强协同性,构建和完善从宏观到微观、从上游到中下游,从政府到民间的立体保护体系。

(二)走科学、绿色和可持续的发展之路

不搞大开发,不等于不发展,而是要用先进理念推动长江经济带发展,实现科学、绿色、可持续的开发和发展。2018年3月10日,习近平总书记在参加十三届全国人大一次会议重庆代表团审议时强调:如果长江经济带搞大开发,下面的积极性会很高、投资驱动会非常强烈,一哄而上,最后损害的是生态环境。过去已经有一些地方抢跑,甚至出现无序开发,违法挖河砂、搞捕捞、搞运输,岸线被随意占用等情况,如果这样下去,所谓的长江经济带建设就变成了一个"建设性"的大破坏。所以,我强调长江经济带不搞大开发、要共抓大保护,来刹住无序开发的情况,实现科学、绿色、可持续的开发。[①]近年来,长江流域生态破坏态势开始扭转,生态修复初见成效,为长江经济带绿色发展、科学发展奠定了基础。一方面是努力实现腾笼换鸟,转型发展,促进传统产业转型升级,同时努力实现生态修复,融合发展,促进城乡发展一体化;另一方面坚持保护优先,资源互补,飞地双赢,同时沿江城市都在进行沿岸非法码头整治等大规模产业结构和产业布局的调整,走向更健康和更高质量的发展。

(三)以长江经济带建设为着力点推进生态文明体制建设

从大开发到大保护,这是我国资源开发和经济发展领域的一次发展观大转变和大提升,其意义不仅限于长江经济带,它也会成为我国其他自然生态系统

[①] "习近平:长江经济带开发要科学、绿色、可持续",央视网,2018年3月10日,http://news.cctv.com/2018/03/10/ARTl7DwsOe5ws1xzqFk0yXcF180310.shtml。

开发利用的重要遵循。在这个指导思想下形成完善的法律框架和决策程序，切实做到在保护基础上开发，在开发中坚持保护，这是长江经济带共抓大保护、不搞大开发战略定位的重大历史性贡献。

一是完善主体功能区战略，控制开发强度。根据不同地区的现有人口密度、自然资源条件、生态环境承载能力，制定不同的开发政策、人口政策、环境保护政策、生态补偿政策。二是建立长江流域生态文明综合管理机制。借鉴国际大河流域管理经验，成立由沿江政府共同组成的跨区域管理机构，协调落实生态文明建设中的重大事项，确实做到生态问题责任到人，建立健全损害赔偿机制，切实做到谁污染谁治理、谁开发谁保护。三是以创新的方式促进产业转型升级。长江中下游地区创新基础雄厚，拥有上海、武汉、南京、长沙、成都等多个国家级创新城市、国家级创新园区及众多科研单位和大专院校，应继续发挥技术人才集中、技术创新能力强的优势，通过技术创新促进产业创新，将长江经济带打造成高新技术产业带，利用产业的优化升级将经济发展和生态文明建设融为一体。

七、推动资源型地区经济实现高质量发展

进入新时代，加快建设现代化经济体系，扎实推动高质量发展，是资源型地区转型发展需要深入思考和突破的重大课题。资源型地区必须牢固树立和全面贯彻新发展理念，坚持以供给侧结构性改革为主线，着力解决制约发展的结构性、体制性、素质性矛盾和问题，深入实施创新驱动发展战略和绿色引领、优化营商环境来推动经济转型发展。

（一）资源型地区转型发展方向是实现高质量发展

推动资源型地区实现高质量发展，必须坚持和加强党对经济工作的全面领导，统筹推进稳增长、促改革、调结构、惠民生、防风险等各项工作，确保资源型地区经济发展沿着正确方向转型升级。坚持以人民为中心的发展思想，着力解决资源型地区人民群众最关心最直接最现实的利益问题，加快推进以人的需要为首要目的和最高宗旨的高质量发展。

（二）加快资源型地区经济新旧动能转换

立足资源型地区发展实际，以供给侧结构性改革为主线，推动经济发展质量变革、效率变革、动力变革。以创新引领发展，加快提高全要素生产率，加

快培育发展新动能。资源型地区要紧紧抓住新一轮科技革命和产业变革给产业新旧动能转换带来科技支撑，消费结构升级为产业新旧动能转换提供巨大市场空间，改革深化为产业新旧动能转换创新制度供给，建设现代化经济体系为产业新旧动能转换创造良好宏观环境的历史机遇，不断在科技创新、需求变化、制度变革上下足功夫，通过要素质量提升和优化组合，培育壮大新产业新产能，改造提升传统产业激活旧动能，做优质量、做强品牌。坚持绿色引领，不断提高资源型地区发展质量和效益，让绿色发展成为资源型地区转型发展的常态。

（三）提升资源型地区转型升级活力

积极推进简政放权改革，不断提升资源型地区转型升级活力。关键是要处理好政府和市场的关系，合理界定政府和市场的边界。在尊重市场规律基础上，通过用改革激发市场活力、用政策引导市场预期、用规划明确投资方向、用法治规范市场行为来更好地发挥政府作用。放宽市场准入门槛，引入市场竞争机制，扩大积极有效的市场参与，增强企业对市场需求变化的反应和调整能力、提高企业资源要素配置效率和竞争力。

八、建立更加有效的区域协调发展新机制

党的十九大报告强调，"全面深化改革总目标是完善和发展中国特色社会主义制度、推进国家治理体系和治理能力现代化。"区域治理是国家治理的重要组成部分，实现区域协调发展是国家治理能力现代化的必然要求，要建立更加有效的区域协调发展新机制，促进区域协调发展，增强区域发展的协同性、联动性、整体性。要清理废除妨碍统一市场和公平竞争的各种规定和做法，促进生产要素跨区域有序自由流动，提高资源配置效率和公平性，加快建立全国统一开放、竞争有序的市场体系；完善发达地区对欠发达地区的对口支援制度，增强欠发达地区自身发展能力；建立健全流域上中下游生态保护补偿机制，依托重点生态功能区开展生态补偿示范区建设，健全资源开采地区与资源利用地区之间的利益补偿机制，加大对农产品主产区和重点生态功能区的转移支付力度，促进区际利益协调平衡；支持开展多层次、多形式、多领域的区域合作，支持产业跨区域转移和共建产业园区等合作平台，鼓励创新区域合作的组织形式，实现点、线、带、面间的连接互动，把重点引领和协调推动有机结合起来，促进更广地域、更多领域的协调发展。

参考文献

[1] 蔡奇：《推动京津冀协同发展》，载《人民日报》2017年11月20日，第6版。

[2]《党的十九大报告辅导读本》，人民出版社2017年版。

[3]《决胜全面建成小康社会夺取新时代中国特色社会主义伟大胜利》（单行本），人民出版社2017年版。

[4] "刘家义同志在中国共产党山东省第十一次代表大会上的报告"，大众网，2017年6月22日，http：//sd.dzwww.com/sdnews/201706/t20170622_16076478.htm。

[5] 王芳：《对海陆统筹发展的认识和思考》，载《国土资源》2009年第3期。

[6] 王一鸣：《实施区域协调发展战略》，载《经济日报》2017年11月16日，第3版。

[7] 张军扩、侯永志：《开创区域协调发展新局面》，载《人民日报》2016年8月5日，第7版。

[8] 张秀生、黄鲜华：《实施区域协调发展战略的重大意义》，载《光明日报》2018年4月2日，第11版。

[9]《中共中央关于制定国民经济和社会发展第十三个五年规划的建议》（单行本）人民出版社2015年版。

[10] "中共中央国务院关于完善产权保护制度依法保护产权的意见"，中国政府网，2016年11月27日，http：//www.gov.cn/zhengce/2016-11/27/content_5138533.htm。

第七章
加快完善社会主义市场经济体制

1992年党的十四大正式提出我国经济体制改革的目标是建立社会主义市场经济体制。1993年党的十四届三中全会做出了《关于建立社会主义市场经济体制若干问题的决定》，详细描绘了社会主义市场经济体制基本框架。从此，我国进入全面建立社会主义市场经济体制的历史进程。这一改革方向的正确选择和各种改革举措的逐步实施，使我国经济体制改革进入了制度创新的崭新阶段，从而有力推动了我国经济持续多年的高速发展。党的十九大报告强调要"坚持社会主义市场经济改革方向""加快完善社会主义市场经济体制"，并指出"经济体制改革必须以完善产权制度和要素市场化配置为重点，实现产权有效激励、要素自由流动、价格反应灵活、竞争公平有序、企业优胜劣汰"。这些重要论述，深化了对社会主义市场经济规律的认识，坚定了社会主义市场经济改革的方向，明确了加快完善社会主义市场经济体制的重点任务。

第一节 加快完善社会主义市场经济体制的重大意义

一、加快完善社会主义市场经济体制是转变经济发展方式的必由之路

改革开放以来，我国经济快速增长，社会财富急速增加，人民收入水平有了较大提高，但经济增长方式却一直难如人意。按照经济增长理论，经济增长主要指数量增加。从发达国家和发展中国家的实践看，经济增长方式有两种：一是通过增加资源投入和消耗来实现经济增长，即粗放型增长方式；二是通过提高资源利用效率来实现经济增长，即集约型增长方式。至今，我国粗放的经济增长方式没有实现根本性转变，"两重两轻"即重速度、重数量、轻质量、

第七章　加快完善社会主义市场经济体制

轻效益和"三高一低"即高投入、高消耗、高排放、低效率的情况依然严峻。这不但消耗了大量的能源和资源，也使我国的生态环境进一步恶化。种种迹象表明，如果不在经济增长方式上有一个根本性转变，我国的资源、环境将难以支撑，经济增长将难以为继，必须实现从以转变经济增长方式到转变经济发展方式为内容的重大转变。经济发展方式，可以理解为实现经济发展的方法、手段和模式，其中不仅包含经济增长方式，还包括结构优化、环境改善、技术创新、人民生活水平提高、资源配置趋于合理等方面，简言之，经济发展不仅要求有数量增加，而且要求有结构改善和质量提高。转变经济发展方式内容丰富，具体包括以下方面：一是处理好速度与效益的关系，实现粗放型向集约型增长方式的转变；二是处理好经济发展与资源环境的关系，实现资源消耗型向资源节约型、环境友好型发展的转变；三是处理好技术引进与技术创新的关系，实现技术引进型向技术创新型发展的转变；四是处理好国内外市场的关系，实现外需拉动型向内需主导型发展的转变；五是处理好投资与消费的关系，实现投资拉动型向居民消费拉动型增长的转变；六是处理好城乡间、区域间协调发展的关系，实现倾斜型向均衡型发展战略的转变；七是处理好效率和公平间的关系，实现效率优先向兼顾效率与公平的分配模式转变，让人民共享发展成果。

我国转变经济发展方式的方向是正确的，但从实践中看进展缓慢。产生这种状况的原因很多，最根本的是已有的社会主义市场经济体制不够完善：比如，市场经济要求资源配置市场化，但我国各级政府依然保持着土地、信贷等重要资源的行政配置权力。现行财政体制把各级政府的财政收入状况和物质生产增长紧密联系，支出责任（事权）又过度下移，使各级政府不得不努力运用自己能够支配的资源，扩大本地经济总量。生产要素和若干重要资源的价格没有完全市场化，行政定价导致价格扭曲，使市场在优化资源配置方面的作用受到很大压制，同时促使生产者采用粗放的方式进行生产。这些体制性障碍可以归结为一条，即政府仍然保持较大的配置资源权力。经济体制改革的核心问题是处理好政府和市场的关系，这就要求必须更加尊重市场规律，确实做到"使市场在资源配置中起决定性作用"，同时更好地发挥政府的作用。近年来，为推动经济发展方式转变，我们把企业改革作为加快转变经济发展方式的主攻方向，把保障和改善民生作为加快转变经济发展方式的根本出发点和落脚点，把建设资源节约型、环境友好型社会作为加快转变经济发展方式的着力点，把改革开放作为加快转变经济发展方式的强大动力，努力健全现代市场体系，加快财税和金融体制改革，为各种所有制经济平等获取生产要素、公平参与市场竞争、同等受到法律保护营造良好的外部环境。在一系列政策推动下，我国经济发展方式转变初见成效。党的十九大提出，要"加快完善社会主义市场经济体制"，强调"经济体制改革必须以完善产权制度和要素市场化配置为重点，实现产权有效激励、要素自由流动、价格反应灵活、竞争公平有序、企业优胜劣汰"。这些重要论述是我们加快完善社会主义市场经济体制，转变经济发展方式的重要遵循。

二、加快完善社会主义市场经济体制是建设现代化经济体系的基本前提

党的十九大报告指出，"我国经济已由高速增长阶段转向高质量发展阶段，正处在转变发展方式、优化经济结构、转换增长动力的攻关期，建设现代化经济体系是跨越关口的迫切要求和我国发展的战略目标"。现阶段之所以强调现代化经济体系建设，是因为改革开放近四十年，尤其是十八大以来我国经济社会发展取得了举世瞩目的成就，我国社会主要矛盾已经转化为人民日益增长的美好生活需要和不平衡不充分的发展之间的矛盾。社会主要矛盾的变化是中国特色社会主义进入新时代的重要标志，但这并没有改变我国仍处于并长期处于社会主义初级阶段的基本国情。要破解这一矛盾，就必须更高水平地发展生产力、更大力度地调整和完善生产关系、更加积极地推进现代化经济体系建设。在我国，现代化经济体系就是能够很好地满足人民日益增长的美好生活需要的经济体系，是充分体现新发展理念的经济体系。

建设现代化经济体系是一项长期艰巨复杂的任务。一方面要求我国经济发展由强调数量规模转向注重质量、效益和规模，通过经济体制改革解决过去发展中积累的一些错综复杂的结构性矛盾。另一方面，建设现代化经济体系迫切需要创造良好的制度环境。因为，现代化经济体系不仅仅是生产力的现代化，也是国家治理体系和治理能力的现代化，而这需要通过制度创新和完善社会主义市场经济体制才能解决。从这个意义上说，更完善的市场经济体制是建设现代化经济体系的基本前提，必须对不适应生产力发展要求的体制机制大胆革新，加快建立与现代化经济体系相匹配的经济体制。近年来，我们在深化经济体制改革方面取得了一些明显进展，比如，"放管服"改革向纵深推进，有力激发和释放了市场活力。与此同时，宏观调控方式不断创新，通过广泛运用区间调控、定向调控、相机调控、精准调控等措施，使整个国民经济运行保持在了合理区间。但是，我们也要清醒地认识到，当前我国微观和宏观经济体制还

有许多亟待解决的问题,与建设现代化经济体系的要求还有不小差距。同时,建设现代化经济体系是一项长期的任务,与全面建成小康社会的进程相重叠、相呼应,在这个过程中要直面很多现实问题。比如,需要打好防范化解重大风险、精准脱贫、污染防治等攻坚战,还要坚定不移深化供给侧结构性改革,实现新旧动能转换。完成这些任务需要做得最基础的工作,就是党的十九大报告提出的,着力构建市场机制有效、微观主体有活力、宏观调控有度的经济体制。这既是经济体制现代化丰富内涵的科学概括,也是现代化经济体系宏观层面的建设目标。要让市场在资源配置中起决定性作用,同时更好地发挥政府的作用,使市场和政府这"两只手"都起作用,这是中国发展的优势所在。建立更完善的现代市场经济体制,包括更具活力的市场调节机制、更具竞争力的国有资产管理体制、更有效率的政府服务体系以及更加安全有效的宏观调控与政策协调机制等,以此为基础,不断增强我国经济创新力和竞争力,为实现社会主义现代化强国打下坚实的基础。

三、加快完善社会主义市场经济体制是全面建成小康社会的重要支撑

我国小康社会建设取得了举世瞩目的成就,得到了国际社会的广泛认可,现阶段我们正处于全面建成小康社会的决胜期。如何克服前进道路上的种种障碍和难题,在预定时间全面建成小康社会,考验着我党的执政水平和社会治理能力。而通过全面深化改革,完善国家治理体系,提升国家治理能力,由此推动中国特色社会主义制度更加成熟、更加定型是全面建成小康社会征途上的一项重大任务。国家治理体系和治理能力是一个国家制度和制度执行能力的集中体现。前者是管理国家的制度体系,是一整套紧密相连、相互协调的国家制度;后者是运用国家制度管理社会各方面事务的能力,两者是一个有机整体,相辅相成。推进国家治理体系和治理能力现代化,就是要使各方面制度更加科学、更加完善,实现国家、社会各项事务的治理制度化、规范化、程序化,其集中体现是善于运用制度和法律治理国家。从这个意义上说,国家治理体系和治理能力现代化是全面建成小康社会的制度保障,是完善社会主义市场经济体制的重要内容。

从中国自身的发展经验看,过去发展成就的取得主要靠改革开放,未来中国的发展依然要靠改革开放。这是因为,虽然改革开放四十年我国经济社会发展取得了巨大成就,但是我国长期处于社会主义初级阶段的基本国情没有变,

我国是世界上最大发展中国家的国际地位没有变。这决定了发展仍然是解决我国所有问题的关键，经济建设仍然是党和国家的中心工作，经济体制改革仍然是全面深化改革的重点。当前，我国发展中面临着一系列突出矛盾和挑战。比如：发展不平衡、不协调、不可持续的问题依然突出，科技创新能力不强，产业结构不合理，发展方式依然粗放，城乡区域发展差距和居民收入分配差距依然较大，等等。要破解这些难题，化解来自各方面的风险挑战，主动适应和引领经济发展新常态，推动经济社会持续健康发展，必须进一步破除阻碍发展的体制障碍，而这除了通过深化改革完善社会主义市场经济体制，别无他途。只有坚持以经济体制改革为主轴，努力在重要领域和关键环节改革上取得新突破，以此牵引和带动其他领域改革，使各方面改革协同推进，形成合力，才能有助于我们抓住机遇，应对挑战，才能进一步解放和发展生产力，进一步增强和激发经济社会发展活力，为全面建成小康社会创造前提和条件。

第二节　加快完善社会主义市场经济体制的思路和重点

党的十九大报告明确提出："经济体制改革必须以完善产权制度和要素市场化配置为重点，实现产权有效激励、要素自由流动、价格反应灵活、竞争公平有序、企业优胜劣汰。"这一重要论述，为完善社会主义市场经济体制指明了方向，也进一步明确了加快完善社会主义市场经济体制的主要任务。

一、加快完善产权制度

现代产权制度是社会主义市场经济的基石，有效的产权激励是促进市场活力、经济活力和社会活力的重要保证。

党的十九大报告明确了"完善产权制度"是深化经济体制改革的重点，并重点强调要"实现产权有效激励"。产权是经济所有制关系的法律表现形式。它是包括所有权、占有权、支配权、使用权、收益权和处置权在内的一束权利。这里讲的产权，除了人们熟悉的物权、债权、股权，还包括自然资源资产产权、各种人力资本产权（如知识产权）等。经过40年改革，我国现代产权制度主体框架初步确立，但是产权制度的完备度和成熟度还不够，农村集体产权制度、自然资源资产产权制度、知识产权制度等方面仍存在一些问题。突出表现在产权的激励功能不强，根源在于产权的权属主体不明确。如果产权不明确，产权的交易利益就难以明确甚至不可预期，这样风险、成本、收益就不是内在统一的，一旦产权的收益通过外部性被转移了，而产权主体没有获得，产权的激励功能就没有了，要素的活力、潜力就无从释放，即使有市场机制，市场中也难以实现产权交易和要素自由流动。所以，完善的产权制度是发挥市场在资源配置中起决定性作用的前提。因此，从理论上讲，把完善产权制度作为深化经济体制改革的重点，是由产权制度在整个经济体制中的重要地位决定的，抓住完善产权制度这个重点，就等于抓住了经济体制改革的牛鼻子。

归属清晰、权责明确、保护严格、流转顺畅是现代产权制度的基本特征，其核心是产权保护。现阶段完善产权制度，实现产权有效激励，应从以下四方面入手。首先，要进行产权界定，以"归属清晰"促进产权有效激励。所谓产权"归属清晰"，即对产权体系中的诸种权利归属做出明确界定。十九大报告对一些产权归属已做出明确界定。例如，关于农村土地制度，强调"完善承包地'三权'分置制度。保持土地承包关系稳定并长久不变，第二轮土地承包到期后再延长三十年"，由此对农村土地的所有权、承包权和经营权归属及其时限做出清晰界定。今后，还要对包括全部国土空间的各类自然资源资产产权和知识产权等归属进行清晰界定。其次，完善产权配置，以"合理配置"促进产权有效激励。实现产权"合理配置"，当前主要涉及三方面问题：一是优化国有资产布局和结构。针对当前国有资产布局、结构仍然不合理的问题，十九大报告提出要"加快国有经济布局优化、结构调整、战略性重组"，目的是优化国有资产配置。二是提高国有资产配置效率。十九大报告将以往的"国有企业做强做优做大"表述为"国有资本做强做优做大"，由企业层面提升到资本层面，这是产权配置格局的重大变革，目的是提高国有资产配置效率，实现国有资产保值增值。三是推进不同产权交叉持股、相互融合。十九大报告提出"深化国有企业改革，发展混合所有制经济"，并把这项改革与培育具有全球竞争力的世界一流企业结合起来，不仅指明了下一步国企改革的方向，也等于把产权合理配置提升到一个新高度。再次，推动产权交易，以"流转顺畅"促进产权有效激励。目的是通过产权交易使产权各种权能的所有人获得产权收益。十九大报告提出"要素自由流动"，而产权流动就属于要素自由流动的重要内容。完善此项制度，当前要重点解决交易前资产评估不准确、交易价格不合理、交易过程不透明、交易后资金不到位等问题，既要有效防止国有资产流失，也要防止有人在交易中侵吞民资。此外，自然资源资产有偿使用、农村产权交易流转机制的建立与规范也需要进一步探索。最后，加强产权保护，以"保护严格"促进产权有效激励。针对现实中产权保护不力的问题，中共中央、国务院2016年11月发布了《关于完善产权保护制度依法保护产权的意见》；2017年9月发布了《关于营造企业家健康成长环境弘扬优秀企业家精神更好发挥企业家作用的意见》，再次强调要依法保护企业家财产权。现阶段，加强产权保护，要以公平为原则，形成公有制经济财产权和非公有制经济财产权都不可侵犯的产权保护制度，依法全面保护各类产权，增强人民群众的财产安全感，增强各类经济主体的创新创业动力，维护社会公平正义。同时，进一步做强、做大国有资本，把坚持和完善基本经济制度作为完善产权制度和实现要素市场化配置的重要举措。

二、加快完善要素市场化配置

要素市场化配置是由市场经济体制的内在要求决定的，也是由现阶段我国完善市场经济体制所面临的严峻形势决定的。市场经济是通过市场机制配置资源的经济形式。市场机制对资源配置发生作用首先要求有一个完整的市场体系，从而使得供求、竞争、价格等发生互动关系并调节资源的充分流动。市场体系是相互联系的各类市场的有机统一体，不仅包括消费品和生产资料等商品市场，也包括土地、资本、劳动力等生产要素市场。各类市场间相互制约、相互促进、相互依赖。如果某一类市场发展滞后、发育不全，就会影响其他市场的发展和功能发挥，从而影响市场体系的整体效率，并最终影响市场机制作用的发挥。因此，统一、开放、竞争、有序的市场体系是市场机制发挥作用的基本前提，而没有要素市场的发育和完善，就不可能形成统一、开放、竞争、有序的市场体系，进而也就不可能形成完善的社会主义市场经济体制。经过40年的发展，我国已经形成较为健全的商品市场，但生产要素市场发展严重滞后。突出表现在：一是市场中二元结构双轨运行乃至多元多轨运行的现象普遍存在。即：一方面，有一个公开、透明、可调控的市场；另一方面还有一个不公开、不透明因而也不可调控的市场。比如，土地市场中有城乡二元的市场分割，又有城市中通过招拍挂等市场手段和通过协议出让或其他渠道获得的土地并存。二是价格扭曲。突出表现在要素价格形成机制不健全，政府定价范围过多过宽，定价规则不透明，政府不当干预仍普遍存在。三是市场壁垒。如城乡或不同城市间的户籍壁垒和公共服务供给不均等，妨碍着劳动力自由流动。资本市场上，交易所和银行间债券市场的参与主体、交易品种和托管清算均未实现统一。这些都制约着劳动力、土地、资金、技术等要素的自由流动。

我国要素市场发展滞后，有其深刻的体制根源。比如资本市场多元结构的情况，不论直接融资还是间接融资，其背后反映的是国有企业、国有银行和政府之间特殊的相互关系。要素市场发展滞后，影响到市场经济的运行机制，而所有问题的根源又集中在国有经济部门（包括国有企业、国有银行等）和政府经济管理体制方面。这就是实现生产要素市场化配置必须深化经济体制改革的内在逻辑。十九大报告将完善要素市场化配置与完善产权制度并列为现阶段经济体制改革的重点，充分表明要素市场化配置是完善社会主义市场经济体制的关键。

加快实现要素市场化配置。一是加快要素价格市场化改革。凡是能由市场形成价格的都交给市场，政府不再进行不当干预。最大限度地发挥市场决定价格的作用，通过市场竞争形成价格，进而调节供求关系，优化资源配置。二是深化要素市场改革。要建设城乡统一的建设用地市场，进一步深化农村土地制度改革，允许农村集体经营性建设用地租赁、出让、入股，实行与国有土地同等入市、同价同权。要扩大国有土地有偿使用范围，减少非公益性用地划拨。要深化金融体制改革，建立现代银行制度，促进多层次资本市场健康发展，增强金融服务实体经济能力，提高直接融资比重。还要加强知识产权保护和激励。深化劳动力市场改革，破除妨碍劳动力、人才社会性流动的体制机制弊端。三是深化国有企业改革。完善国有企业公司法人治理结构，使国有企业成为真正意义上的市场经济主体，通过市场竞争平等获得要素资源。四是进一步转变政府职能。使政府成为维护市场公平竞争、保障各经济主体合法权益的守护者。

三、加快完善由市场决定价格机制

价格机制是市场机制的核心，由市场决定价格是市场经济的基本要求和市场配置资源的基本途径。只有价格信号是真实、客观、灵敏的，才能充分有效发挥价格杠杆的调节作用。目前我国绝大多数商品和服务价格已由市场决定，在社会消费品零售总额、农副产品收购总额和生产资料销售总额中，市场调节所占的比重均在98%以上[①]，但要素价格市场形成机制尚不完善。因此，党的十九大报告强调"加快要素价格市场化改革"，这是现阶段发挥市场在资源配置中起决定性作用的关键。目前，主要是加快资源性产品、垄断行业领域要素价格形成机制的改革，进一步规范自然垄断，破除各种形式的行政垄断，根据

---

① 善长："要素市场化配置是完善社会主义市场经济体制的关键"，中国纪检监察报，2017年12月29日，http://csr.mos.gov.cn/content/2017-12/29/content_57275.htm。

水、石油、电力、天然气、电信、交通等不同行业的特点逐步实行网运分开和公共资源市场化配置，放开竞争性环节、竞争性业务的价格，真实反映市场供求关系、资源稀缺程度和环境损害成本。同时，强化价格领域中的反垄断执法，加强事中事后监管。对于极少数保留的政府定价项目，要推进定价项目清单化，定价程序规范化，加强成本监审，把该管的坚决管细管好管到位，同时推进成本公开，最大限度地减少自由裁量权，切实推进政府定价公开透明。近年来，我国在改革垄断行业定价方面有不少举措。如2015年中共中央国务院出台了《关于推进价格机制改革的若干意见》，各级价格主管部门加快推进垄断行业定价制度建设，先后出台了输配电、天然气管道运输、铁路客运等重点行业定价办法或成本监审办法，初步建立起以"准许成本＋合理收益"为核心的垄断行业定价制度框架。2017年9月18日，我国又以国家发展和改革委员会第7号令的形式对2006年5月1日实施的《政府制定价格行为规则》进行了修改。2018年9月，国家发改委发布了《关于进一步加强垄断行业价格监管的意见》，提出建立健全以"准许成本＋合理收益"为核心的约束与激励相结合的垄断行业定价制度。尽管我国在垄断行业定价改革方面有些进展，但总体上价格改革远未到位。今后，要继续加快垄断行业价格改革的步伐，争取到2020年基本建立科学、规范、透明的垄断行业政府定价制度。

四、加快完善公平竞争的市场环境

竞争是加快发展、实现繁荣最有效的手段。公平竞争是市场机制发挥作用的必要前提。使市场在资源配置中起决定性作用，首要的便是营造公平竞争的市场环境。如何营造公平竞争的市场环境，按照党的十九大报告精神，首先，要继续深化以商事制度改革为突破口的"放管服"改革，最大限度地减少政府对企业经营的干预。要"全面实施市场准入负面清单制度，清理废除妨碍统一市场和公平竞争的各种规定和做法"。近年来，上海等地11个自由贸易试验区已在建立市场准入负面清单制度方面进行了有益尝试，并取得了初步成效。今后要在总结试点经验基础上，有条件有步骤地加快实施市场准入负面清单制度的步伐。同时，完善公平竞争审查制度，强化执法能力建设。对内要以打破行业垄断和地域分割、清除市场壁垒为重点，加快清理和废止妨碍统一市场形成和公平竞争的各种规定与做法。对外要大幅度放宽市场准入，促进贸易和投资自由化便利化，扩大服务业对外开放，倡导积极稳妥地走出去，推动经济全球化。其次，营造公平竞争的市场环境，需要强化两大支撑。一是法律支撑。

市场经济是法治经济。只有通过法治使市场行为在偏离竞争规则时付出代价,公平竞争的市场环境才能真正形成。因此,法治是社会主义市场经济的内在要求。当前,应加快修订反不正当竞争法、土地管理法,加快完善知识产权、物权、合同相关的法律制度,严格落实民法总则、中小企业促进法、反垄断法等法律,加大对违法行为的打击惩处力度,按照统一、规范、效能原则,完善市场监管体制,加快提升执法能力。二是人文环境的支撑。这里最重要的是竞争文化和社会信用体系的形成。文化对社会成员有潜移默化的影响,其作用不可小觑。在全面深化改革的关键时期,倡导竞争文化有利于更好地维护经济民主、抵制垄断行为、倡导公平竞争、保护中小企业和消费者的利益。长期以来,我国竞争文化比较薄弱,而且没有受到应有重视。现阶段,应通过创新宣传方式,加大竞争文化的宣传力度,使竞争理念深入人心,这是我国社会主义市场经济走向成熟的重要标志。与此同时,还要加快建设企业和个人征信系统,建立有效的信用激励和失信惩戒制度,强化全社会信用意识,褒奖诚信行为,营造诚实守信、公平竞争的市场软环境。

五、加快确立各类企业的市场主体地位

市场主体是市场上从事交易活动的组织和个人,它们具有独立性、逐利性和能动性等基本特性。从某种意义上说,我国几十年的改革历程,就是催生和塑造市场主体的过程。在这个过程中,我们不仅在体制外诞生了数以亿计的新的市场主体,而且通过对国有企业持续改革,将体制内的绝大多数国有企业逐步塑造成了能够自主经营、自负盈亏、自我约束、自我发展的市场主体。但这个过程至今尚未完成。我国有些国有企业长期缺乏活力,其最根本的原因,是产权不清,权责不明。通过混合所有制这种形式,在国有经济内部引入其他形式的所有权经济,使原有国有企业投资主体多元化,是国有企业借助其他所有制利益主体关注而重获活力的重要途径,也是按照现代企业制度要求,将其改造成为自主经营、自负盈亏、自我约束、自我发展的市场主体的必由之路。因此,党的十九大报告强调指出,"深化国有企业改革,发展混合所有制经济"。混合所有制经济是指财产权分属于不同性质所有者的经济形式。对于国有企业来说,发展混合所有制经济,一是有利于盘活国有资产存量,优化资源配置;二是有利于国有企业顺利转换成合格的市场主体。现阶段,国有企业改革,必须坚持党对国有企业的领导,坚持现代企业制度的改革方向,坚持分类指导原则。稳妥有序地发展混合所有制经济,建立由不同所有者构成的股权制衡机

制，健全完善公司治理结构，在市场竞争中逐步激发国有企业的活力和创造力，提高国有企业的竞争力，放大国有资本的影响力。同时，加快国有经济战略性调整，改革国有资本授权经营体制，完善国有资产监管制度，加快改组和组建国有资本投资、运营公司，实现国有经济布局优化和结构调整。争取到2020年国有企业改革在重要领域和关键环节取得决定性成果，形成更加符合我国基本经济制度和社会主义市场经济发展要求的国有资产管理体制、现代企业制度、市场化经营机制，使国有资本布局结构更合理，造就一大批德才兼备、善于经营、充满活力的优秀企业家，培育一批具有创新能力和国际竞争力的国有骨干企业，使国有经济活力、控制力、影响力、抗风险能力明显增强。

在积极发展国有经济的同时，还要大力发展民营经济。党的十九大报告强调"支持民营企业发展"。这就要求政府在加快职能转换的同时，增强服务意识，密切同民营企业的联系沟通，帮助其解决实际困难，与民营企业共同构建新型的"亲""清"政商关系。清理废除歧视性政策和做法，依法保护民营企业的法人财产权和经营自主权，激发和保护企业家精神，引导民营企业提升经营管理水平，鼓励民营企业建立现代企业制度。

第三节 加快完善社会主义市场经济体制的举措

经济体制是具体组织、管理和调节国民经济运行的制度、方式、方法的总称。经过40年的发展，我国社会主义市场经济体制框架已经建立。按照十九大精神，现阶段完善社会主义市场经济体制应主要从以下方面抓起：

一、深化国有企业改革，推动国有资本做强做优做大

国有企业是中国特色社会主义的重要物质基础，做强、做大国有资本是坚持和完善基本经济制度的根本要求。党的十九大报告指出"要完善各类国有资产管理体制，改革国有资本授权经营体制，加快国有经济布局优化、结构调整、战略性重组，促进国有资产保值增值，推动国有资本做强做优做大，有效防止国有资产流失"。在国有资产管理中，一部分国有资产要通过国有经济的发展来实现保值增值，一部分国有资产要通过资本运营，借助于其他所有制形式来实现国有资产的保值增值和持续发展。按照分类改革的原则，国有经济已经划分成公益类、商业类等不同类型。针对不同类型的国有经济，建立有效的

国有资产管理体制是一项基础性工作。完善国有资产管理体制和改革国有资本授权经营体制，应从以下方面入手：一是加快国有经济布局优化。我国在20世纪90年代对国有经济进行布局优化时，让很多国有资产退出了轻工行业，集中到资源密集型、资本密集型和技术密集型行业，从而使我国国有经济大量布局于重化工产业、上游产业、基础资源类产业。这种布局在近十年来既推动了中国经济发展，也促进了国有企业自身做大做强，导致我国进入全球五百强、全国五百强的国有企业，大量集中于上游基础性行业或国民经济命脉行业。当我国经济进入后工业化时期，产业发展重点则变为积极促进产业升级和推动新兴产业、高新技术产业发展，这必然要求国有经济在保持原来优势前提下在新经济领域找到新的增长点。所以，国有经济布局必须再次进行调整与优化。二是结构调整和战略性重组。所谓结构调整，最重要的是调整国有经济组织结构，也就是大中小企业的结构调整。在上一轮国企改革中，中央企业从180家调整到169家①。在新一轮调整过程中，则要把相关行业国有企业进行兼并，把产业上下游企业可以组建成紧密关系的进行合并。通过兼并、合并，降低成本，避免重复建设与恶性竞争。所谓战略性重组是基于国家战略性产业长远发展所进行的企业重组与行业重组。通过以上布局优化、结构调整和战略性重组，促进国有资产的保值增值，实现国有资本做强做优做大。深化国有企业改革，重点是在竞争性领域如何发展混合所有制经济。当今世界，无论是发达国家还是新兴国家，国有企业主要保留在关系国民经济命脉行业。相比之下，中国国有企业分布较广。面对全球产业发展的新挑战，未来要求我国国有经济充分发挥自身优势，承担起支撑国家创新发展的责任。放眼世界，我们看到，在创新竞争最激烈的领域，国外大部分创新型企业由社会资本构成，采取股份合作制形式。从中国自身发展经验看，这些年国有经济在很多领域如装备制造业，不仅在国内居于领军地位，在世界上也处于一流水平。很多国有企业在一些战略性新兴产业和高新技术领域，如电子信息产业、通信行业，做得也很成功。其成功的核心经验是既发挥了国有经济的优势，又借助了非国有经济的优点，实现了内部相互借鉴、融合发展。这个经验告诉我们，在未来发展中，要大胆地在新兴产业中鼓励国有经济和非国有经济进行产权混合、要素组合、管理融合，这对于壮大国有经济，拓展非国有经济发展空间，都是十分有益的。从当前看，结合国有经济布局、结构调整，根据行业特点，在不同行业发展混合所有制经济不仅是必要的，也是可能的。发展混合所有制经济，有助

---

① 李鹏：《加快完善社会主义市场经济体制》，载《领导科学论坛》2018年第4期，第39~50页。

于在新一轮产业革命中诞生一批具有全球竞争力的世界一流水平的中国企业。

二、加快建立现代市场体系，激发各类市场主体活力

市场体系、市场主体、市场机制是构成市场经济的三个基本要素，三者之间既互相制约又紧密联系。目前我国既存在现代市场体系不够健全完善的问题，也存在各类市场主体活力欠佳的问题，从而影响了市场机制作用的发挥，制约着公平竞争市场环境的形成。完善社会主义市场经济体制，必须加快形成企业自主经营、公平竞争，消费者自由选择、自主消费，商品和要素自由流动、平等交换的现代市场体系，加快形成各类市场主体活力迸发的市场环境。为此，要做到以下几点：

第一，清理废除妨碍统一市场和公平竞争的各种规定和做法，建立公平透明的市场规则。一是全面实施并不断完善市场准入负面清单制度；二是继续以深化商事制度改革为突破口，营造良好的市场准入环境、市场竞争环境和市场消费环境。此项前面已有详述，在此不再赘述。

第二，支持民营企业发展，激发各类市场主体活力。民营企业是我国经济发展主体的重要组成部分，要善于激发民营企业的积极性，充分发挥民营经济的优势，使其更加主动地参与社会主义市场经济的发展。改革开放以来，民营企业在稳定增长、促进创新、增加就业、改善民生等方面发挥了重要作用，但民营企业在发展中还面临不少问题：市场准入限制较多、政策执行中"玻璃门""弹簧门""旋转门"现象大量存在、中小企业融资难问题突出等。今后，要从法律法规、支持政策、优化环境、鼓励创新等多方面发力，支持民营企业发展：完善产权制度依法保护民营企业的合法权益，发展混合所有制经济，鼓励民营企业进入国民经济各个领域，切实打破行政垄断和防止市场垄断，进一步放开市场准入，凡是法律法规未明确禁入的行业以及我国政府向外资开放的领域都应向国内民间资本开放，保障民营企业实现权利平等、机会平等、规则平等。引导民营企业利用产权市场开展跨地区、跨行业兼并重组，培育特色突出、市场竞争力强的大企业集团；健全完善金融体系，着力解决中小企业融资难问题；着力加快公共服务体系建设，为民营企业自主创新提供技术支持和专业化服务；精简民间投资管理的行政审批事项和收费，规范中间环节、中介组织行为，减轻企业负担；构建"亲""清"政商关系，增强服务民营企业发展的能力；深化税费制度改革，加大减税降费力度，实质性降低企业制度成本，激发民营经济的发展活力和创造力；激发和保护企业家精神，鼓励更多社会主

体投身创新创业。总之，要多方施策，尽最大努力释放民营经济在经济社会发展中的巨大潜能。

三、创新和完善宏观调控，促进经济平稳健康运行

尽管市场配置资源是最有效率的形式，但也会出现市场失灵，导致资源配置扭曲，降低市场运行效率，引发宏观经济波动。因此，现代市场经济还要发挥好政府宏观调控的作用，以弥补市场失灵。

第一，发挥国家发展规划的战略导向作用，健全财政、货币、产业、区域等经济政策协调机制。我国的宏观调控体系是在国家发展规划的战略导向下，结合多种调控手段形成。尽管在发展过程中，这个体系暴露出一些问题，但从总体上讲，它是促进我国经济健康发展的一个有效机制。宏观调控要依据国家发展战略和规划确定的目标，科学确定调控目标。要根据保持经济总量平衡、促进重大经济调整和生产力布局优化，减缓经济周期性波动影响，防范区域性、系统性风险，稳定市场预期，实现经济持续健康发展的要求，健全涵盖关键领域、重点突出、相互衔接、导向明确的宏观调控目标体系。发挥国家发展规划的战略导向作用，主要靠两点：一是发展规划的科学性。即国家发展规划要符合经济社会发展规律。而遵循科学规律要有相应的认识能力、判断能力、适应能力，其中方向判断准确是第一位的。很多国家不切实际的战略规划不仅对经济产生不了正面推动作用，而且浪费了很多资源，耽搁了国家的发展机遇。二是发展规划的实施手段。包括各种资源的投入手段和政策协调机制，比如有效的财政货币投入手段以及产业和区域等政策的调整协调机制。

第二，协调运用财政、货币、产业、区域等多种调控政策，形成宏观调控的合力。我国经济正处于经济结构调整、发展方式转变、发展动力转换的关键阶段，宏观调控目标的多维性更加凸显，不同目标之间的关系复杂，这就要求健全重大政策协调机制，把握好各项经济政策的方向、力度、节奏和出台时机，使其相互协调，避免政策效力过度叠加或相互抵消，以形成宏观调控合力。实践中，多种调控政策形成合力并不容易做到。比如，货币政策和财政政策的配合，能够促进物价稳定、经济增长、充分就业、国际收支平衡等目标的实现，是各国政府熨平经济周期、实现经济稳定增长最常使用的宏观调控政策工具。但由于这两类政策在决策机制、约束机制、效果功能等方面存在差异，各自在经济体系中侧重的领域不同，因此就有差异性、互补性，还需要加强互动性。近年来，我国宏观调控政策在稳增长、调结构、惠民生、促改革、防风

险中扮演了重要角色。但我们要清醒地看到，经济运行中还存在不少矛盾和问题。这些矛盾和问题，既有周期性的，又有结构性的；既有短期的，又有长期的；既有经济因素，也有体制机制因素。对于这些问题，过重倚靠任何一种调控政策，都难以收到良好效果。比如，在供给侧结构性改革过程中，去产能和去杠杆，都既要货币政策引导好资金流向，提高金融资源配置效率，也要财政政策如税收杠杆促进结构性调整，同时要管控好地方政府隐性债务的增长。因此，在综合运用各项经济政策时，需要处理好这些政策可能存在的矛盾，使各项政策间相互协调，才有助于解决问题。总之，健全宏观调控体系，创新宏观调控方式，增强宏观政策的协同性，就要更加注重各项目标的协调统一，更加注重引导市场行为和社会预期。同时，坚持总量平衡、结构优化，把保持经济运行在合理区间、提高质量效益作为宏观调控的基本要求和政策取向，落实好"积极+稳健中性"的宏观调控政策组合，才能增强调控的有效性。

四、加快建立现代财政制度，发挥好中央和地方两个积极性

财政政策是政府宏观调控的重要手段。财政手段要发挥作用，既需要改变它参与经济运行的方式，同时需要提高财政资金的使用效率。如何把财政的钱投下去、让它更好地发挥好作用，关键是看投资效率。针对我国财税领域存在的突出问题，党的十九大报告在中央与地方的财政关系、预算管理制度和税收制度方面提出了改革方案。

第一，建立权责清晰、财力协调、区域均衡的中央和地方财政关系。这些年来，中央和地方财权和事权不对等、不统一是地方政府普遍反映但长期没有得到解决的问题。调整中央和地方财政关系应从三个方面着手：一是清晰划分中央与地方的财政事权，按照"谁的财政事权谁承担支出责任"的原则确定中央政府和地方政府各自的支出责任，做到权、责、利统一。二是合理确定中央与地方的收入划分。在保持中央和地方财力总体格局稳定的前提下，推进税制改革，合理划分税种，使各级政府的财力与事权和支出责任相匹配。三是完善中央对地方转移支付制度。减少并规范专项转移支付，增加一般性转移支付比重，增强财力薄弱地区尤其是老少边穷地区的财力，推动地区间基本公共服务均等化。

第二，建立全面规范透明、标准科学、约束有力的预算制度，全面实施绩效管理。针对当前财政资金使用效率不高的问题，应从以下三方面做起：一是建立透明的预算制度。继续细化公开内容，扩大公开范围，除涉密信息外，所有使用财政资金的部门预决算都应向社会公开。二是推进全口径预算管理，把

政府的全部收支总量、结构和管理活动纳入预算管理。三是全面实施绩效管理，强化支出责任和效率意识，逐步将绩效管理范围覆盖各级预算单位和所有财政资金。四是改进年度预算控制方式，实施跨年度预算平衡机制，以提高财政资金配置效率。

第三，深化税收制度改革，健全地方税体系。税收是最重要的收入来源，也是政府实施宏观调控的重要手段。目前在中央和地方财政税收分权中，地方政府可以自由支配的地方税种比较少，税源数额也不大，如何建立一个健全的地方税体系，既能保证地方财力，又能促进经济结构优化，还有助于社会公平和市场统一，这是目前深化税收制度改革面临的难题。比如，在经济结构调整过程中，哪些税种能够更好地促进产业转型、促进新兴产业发展，对新税种的设立、税率的设定、征收方式的设置都有着规律性的要求，需要税收部门既要做好基础工作，保证税源和税收征收，又要着眼于长期经济发展，调整税收政策，改革税收制度。同时，还要兼顾税收效率与税收公平。总之，科学选择地方税主体税种，健全主辅税种合理配置、收入调节功能相互协同的地方税体系是今后我国税制改革的重要内容。

五、深化金融体制改革，增强金融服务实体经济能力

现阶段，我国经济市场化和对外开放程度不断提高，和各国经济的融合度不断增强，面临的金融挑战、金融压力是前所未有的。同时在金融和实体经济的关系上，近年来出现了明显的"脱实向虚"问题。党的十九大报告指出："深化金融体制改革，增强金融服务实体经济能力，提高直接融资比重，促进多层次资本市场健康发展。"这为我国深化金融体制改革指明了方向。

第一，增强金融服务实体经济的能力，提高直接融资比重，完善多层次资本市场体系。发展多层次资本市场体系有利于促进储蓄更快转化为投资，满足实体经济对资金的需求；有利于改变过度依赖银行间接融资导致的金融市场结构性失衡，降低债务率，分散金融风险。要根据实体经济发展需要和金融监管能力要求，推进股票市场、债券市场等资本市场的发展，拓展企业直接融资渠道，优化社会融资结构。积极稳妥推进资本市场发展和金融创新，既要尊重市场规律，减少对资本市场不必要的行政管制和准入限制，又要发挥好政府作用，加强事中事后监管，完善市场退出机制，有效保护投资者合法权益。逐步形成包括场外、场内市场在内的分层有序、品种齐全、功能互补、规则统一的多层次资本市场体系。

第二，健全金融监管体系，守住不发生系统性风险的底线。要把主动防范化解系统性金融风险放在更加重要的位置，早识别、早预警、早发现、早处置，着力化解重点领域风险，不断完善风险应急处置机制，筑牢金融安全防线。要深化供给侧结构性改革，稳妥推动经济去杠杆。要坚定执行稳健的货币政策，处理好稳增长、调结构、控总量的关系。要严控地方政府债务增量，坚决整治严重干扰金融市场秩序的行为，严格规范金融市场交易行为，尤其要加强互联网金融监管，强化金融机构防范风险主体责任。要改革金融监管体制，克服分业监管盲区，加强和提升金融监管的协调机制，实施宏观审慎管理，及时有效识别和化解各种风险。要进一步完善货币政策和宏观审慎政策双支柱框架，抑制金融投机行为，控制经济泡沫化趋势，有效维护国家金融安全。

参考文献

［1］曹立、公丕明：《坚持完善社会主义市场经济体制需抓好五大任务》，载《中国经济时报》2017年12月13日。

［2］常修泽："紧紧抓住完善产权制度这个重点"，人民论坛网，2018年1月26日，http：//www.rmlt.cn。

［3］《党的十九大报告辅导读本》，人民出版社2017年版。

［4］郭东冬：《如何理解"加快完善社会主义市场经济体制"》，载《解放军报》2018年1月17日，第7版。

［5］李鹏：《加快完善社会主义市场经济体制》，载《领导科学论坛》2018年第4期。

［6］穆虹：《加快完善社会主义市场经济体制》，载《人民日报》2017年12月12日。

［7］善长：《要素市场化配置是完善社会主义市场经济体制的关键》，载《中国纪检监察报》2017年12月29日。

［8］王珏、郑文：《市场经济概论》，中国中央党校出版社2003年版。

［9］习近平："决胜全面建成小康社会 夺取新时代中国特色社会主义伟大胜利——在中国共产党第十九次全国代表大会上的报告"，人民网，2017年10月24日，http：//www.people.com.cn。

［10］"宏观调控需在更高水平上增强财政货币政策协调性"，澎湃新闻，2017年9月4日，http：//www.thepaper.cn。

［11］张慧君、黄秋菊：《建立现代化经济体系的六个着力点》，载《中国经济时报》2017年11月23日。

第八章
深化国有企业改革

国有企业在新中国发展史中被称为"共和国的长子",改革开放以来,国有企业改革是我国经济体制改革的中心环节。进入新时代,国有企业作为全民所有的企业组织形式,是推进国家现代化、保障人民共同利益的重要力量,是我们党和国家事业发展的重要物质基础和政治基础[1]。我们必须坚持国有企业制度自信,在构建现代化经济体系的过程中,通过深化改革实现自我完善,把国有企业做优做强做大,为全面建成小康社会,实现中华民族伟大复兴的中国梦贡献力量。

第一节 深化国有企业改革的重大意义

国有企业改革,可以说是改革开放以来争议做大、难度最大、涉及面最广的经济改革之一。在新时代进一步深化国有企业改革,具有重大意义。

一、深化国有企业改革是坚持和完善社会主义基本经济制度的重要内容

马克思主义经济学认为,生产资料所有制是决定一个社会经济性质的基础。西方经济理论虽然很少用"生产资料所有制"这样的概念,但其有近似的"产权""所有权"等概念,无论是西方的主流经济学理论,还是居于非主流的制度经济学理论,都或明或暗地强调产权对于经济发展具有重要作用,把制度安排作为影响经济绩效的重要因素。[2]

我国是社会主义国家,作为我国根本大法的《宪法》第六条规定:"中华人民共和国的社会主义经济制度的基础是生产资料的社会主义公有制。"第七

---

[1] "中共中央国务院关于深化国有企业改革的指导意见",中央人民政府网站,2015 年 9 月 13 日,http://www.gov.cn/zhengce/2015-09/13/content_2930440.htm。

[2] 林岗:《产权分析的两种范式》,引自《马克思主义与经济学》,经济科学出版社 2007 年版,第 280 页。

条规定:"国有经济,即社会主义全民所有制经济,是国民经济中的主导力量。"虽然国有经济并非一定要采取国有企业的形式来实现,但国有企业是国有经济的重要组织形式。在社会主义经济制度下,国有企业也是社会主义公有制最直接、最主要的企业组织形式。

随着改革开放的不断深入,我国逐渐形成了以公有制为主体,多种所有制经济共同发展的基本经济制度。以公有制为主体,意味着国有经济、国有企业仍然必须坚持并不断做大做强做优,否则,随着我国经济规模的膨胀,国有经济主导作用以及公有制经济的主体地位将难以保证。当公有制的主体地位难以实现的时候,社会主义经济、社会主义制度也将难以实现。同时,多种所有制经济共同发展,意味着国有企业、集体企业、民营企业、外资企业等各种企业组织形式,只要是依法依规经营,法律都应该鼓励发展,保障其发展的权利。因此,国有企业也应该在市场经济发展中获得应有的尊重。当然,在社会主义市场经济发展的实践过程中,国有企业也可以有多种具体运营组织方式,可以是国有独资、国有控股,也可以是国有参股,不能片面化地把国有企业仅仅理解为国有独资企业。

深化国有企业改革是维护我国基本经济制度的必然要求。自改革开放之初,我国国有企业改革的目标就非常明确,即增强国有企业的经营活力和竞争力。增强经营活力和竞争力的根本目的是在市场化改革过程中,通过经营活力和竞争力的提高,实现国有资产的保值增值,发展壮大国有经济,进而发挥对我国社会主义经济的主导作用,维护我国社会主义初级阶段的基本经济制度。进入新时代,我国进入了一个新的历史方位,但正如习近平总书记指出的:"必须认识到,我国社会主要矛盾的变化没有改变我们对我国社会主义所处历史阶段的判断,我国仍处于并将长期处于社会主义初级阶段的基本国情没有变,我国是世界最大发展中国家的地位没有变。"[①] 因此,我国必须始终牢牢坚持社会主义初级阶段的基本经济制度,而要坚持社会主义初级阶段的基本经济制度,就必须发挥好国有经济的主导作用,积极推进国有企业改革,按照党中央的决策部署,积极贯彻以人民为中心的发展思想,把代表全体人民利益、属于全体人民共同所有的国有资本运营好,把国有企业搞好。

二、深化国有企业改革是完善社会主义市场经济体制的内在要求

改革开放40年来,我国从原来高度集中统一的计划经济体制转向社会主

[①] 习近平:"决胜全面建成小康社会 夺取新时代中国特色社会主义伟大胜利——在中国共产党第十九次全国代表大会上的报告",新华网,2017年10月27日,http://www.xinhuanet.com/politics/19cpcnc/2017-10/27/c_1121867529.htm。

义市场经济体制,这是我国经济改革进行的最重大的、最关键、最核心的经济变革。社会主义市场经济是一个伟大的创新,它从理论和实践上深刻驳斥了传统理论中认为社会主义只能实行计划经济体制,资本主义只能实行市场经济体制的错误认识,把社会主义制度实现公平正义的优越性和市场经济调动各方活力的优越性结合起来,开创了一种新的经济发展模式。

社会主义市场经济是社会主义和市场经济的有机结合,它有利于发挥社会主义经济要素优势与市场机制资源配置效率优势。国有企业作为双重属性的企业组织形式,[①] 一方面它是市场经济中的经营主体,具有企业属性,是独立的市场主体,在市场中自主经营、自负盈亏。另一方面,它又是全民所有,具有社会主义公有制的所有制属性。因此,必须体现全民的意志、维护全民的利益,服从国家的宏观战略和整体发展目标。由于我国特殊的制度变迁,国有企业的双重属性在不同时期具有不同的侧重点,在计划经济向社会主义市场经济转轨的初期,全民所有的属性占据主要地位,而企业属性展现不足,因此企业成为政府的附属物,只是整个社会再生产"工厂"的"车间",政府控制着企业的运营。随着市场经济体制的建立和日益完善,我国国有企业改革过程中,许多中小企业的企业属性被突出强调,这种逻辑下国有企业改革出现了"抓大放小"的改革思路,许多中小国有企业开始转制,成为民营企业。全面深化改革以来,中央提出让市场在资源配置中起决定性作用和更好发挥政府作用相结合,这对我国的国有企业改革提出了新要求,要在国有企业的企业属性和所有制属性之间找到平衡点。而这个平衡点能否实现,也关系到社会主义与市场经济结合的协调程度,影响着社会主义市场经济体制的完善程度。

三、深化国有企业改革是贯彻新发展理念的客观要求

改革开放 40 年来,我国经济社会发展取得了巨大的成就,被学界称为"中国奇迹"。但客观来说,我国经济发展成就巨大,但也面临着发展方式粗放的问题,特别是进入经济新常态以来,传统经济发展模式的弊端更加显现。因此,2015 年党的十八届五中全会提出了"创新、协调、绿色、开放、共享"的新发展理念。2017 年 12 月召开的中央经济工作会议更是指出:"五年来,我国坚持观大势、谋全局、干实事,成功驾驭了我国经济发展大局,在实践中

[①] 张宇、谢地、任保平、蒋永穆等:《中国特色社会主义政治经济学》,高等教育出版社 2017 年版,第 120 页。

形成了以新发展理念为主要内容的习近平新时代中国特色社会主义经济思想。"因此，贯彻新发展理念既是当前我国经济工作的重要任务和发展目标，也是贯彻落实习近平新时代中国特色社会主义经济思想的重要内容。

经济发展的主体是企业。贯彻新发展理念必须体现在各类企业的自觉的行动中。从当前来看，我国国有企业既是国民经济的主导力量，也是我们党和国家事业发展的重要物质基础和政治基础。因此，国有企业理应在贯彻新发展理念的过程中走在前列。

从逻辑上来看，国有企业是全民所有的企业，由国家代表全民行使所有权。国有企业理应也必然会在贯彻落实国家大政方针上发挥示范引领作用。从实践来看，国有企业无论是在创新、协调方面，还是在绿色、开放、共享方面都发挥了重要作用，成为引导全社会树立新发展理念、践行新发展理念的重要力量。从创新发展来看，创新是引领发展的第一动力，是构建现代化经济体系的战略支撑。我国当前绝大部分重大科技创新，都能看到国有企业的身影，甚至成为创新驱动发展的"主力军"。从协调发展来看，我国的国有企业在提高劳动者收入、积极参加脱贫攻坚、开展西部大开发和东北振兴，融入京津冀协同发展等区域协调发展方面，成为推动协调发展的引领者。从绿色发展来看，虽然有些国有企业主导产业集中在矿山、冶炼、能源等资源环境影响大的行业，这种行业属性导致有些国有企业生产经营过程中对资源环境造成了一定的影响，但国有企业的所有制属性和治理结构，加上国有企业的资金和技术优势，使国有企业能主动地加强技术创新，提高管理水平，最大程度减少对资源环境的影响，成为贯彻绿色发展理念，推动绿色发展的重要力量。从开放发展来看，在改革开放之初，国有企业占主体的中国经济积极引入外资，为推动中国改革开放和经济社会发展发挥了重要的引领示范作用。根据统计，目前中央企业境外资产规模超过6万亿元，分布在全球185个国家和地区，业务已经由工程承包、能源资源开发拓展到高铁、核电、电信、电网建设运营等领域，[①]成为我国构建新型对外经济关系，积极融入"一带一路"倡议，构建人类命运共同体的重要力量。从共享发展来看，国有企业作为全民所有的企业，是实现全民共享的重要平台和载体，许多国有企业处在关系国计民生的关键行业和领域，特别是一些具有公共产品属性的领域，如城市的水、电、暖、气、交通等，这些国有企业为民众享受到相对低廉的生活服务提供了保障。同时，作为企业属性，国有企业不仅通过上缴税收为全民共享财富提供保障，而且通过上

---

① 肖亚庆：《将着力打造一批具有全球竞争力的国企》，载《经济参考报》2017年10月19日。

缴资本收益为全民共享做出贡献。

四、国有企业改革是建设社会主义现代化强国的重要力量

党的十九大报告提出,"这个时代,是承前启后、继往开来、在新的历史条件下继续夺取中国特色社会主义伟大胜利的时代,是决胜全面建成小康社会,进而全面建设社会主义现代化强国的时代。"提出到21世纪中叶,将我国建设成为富强民主文明和谐美丽的社会主义现代化强国。国家强,经济体系必须强。作为国民经济重要支柱的国有企业,是建设现代化经济体系的主力军。在建设现代化强国的过程中,国有企业将是重要的依靠力量和建设力量。

实现现代化是人类社会几百年来的基本进程和共同理想,也是中华民族在遭受上百年屈辱后的沉痛觉醒。建设现代化强国是一个系统工程,它包括经济发达、制度完善、有话语权、共同富裕、军事强大、人民幸福等诸多方面。[①]从我国经济发展的历程来看,国有企业为我国实现经济赶超发挥了重要作用。通过组建和发展国有企业,我国在经济比较落后的条件下,实现了资本的集聚,有效弥补了民间投资不足。在经济赶超的过程中,国家通过投资国有企业引进国外的先进技术和科学的管理经验,经过国有企业的消化吸收和再创新,为我国广大民营经济发展和国民经济快速增长发挥了重要的扩散和溢出效应,共同推动我国经济实现赶超,成长为世界第二大经济体。

当前,我国经济已由高速增长转向高质量发展,必须构建现代化经济体系。现代化经济体系的微观主体是各类企业组织,特别是一些现代化世界一流企业。习近平总书记在党的十九大报告中指出:"深化国有企业改革,发展混合所有制经济,培育具有全球竞争力的世界一流企业。"从我国发展历程来看,面对改革开放后国外大公司的竞争,我国正是依靠国有企业的力量,保证了国民经济的独立性,坚守了民族产业的制高点,保障了国家经济安全。同时,也正是在与国外跨国公司的激烈竞争中,国有企业通过深化改革,不断提高自身的发展潜力和竞争力,成长为具有世界影响的一流企业,也为提高我国经济影响力、竞争力奠定了基础。从近年世界企业500强评选情况来看,一方面是日美等发达国家入选企业数量的下降,另一方面是我国入选企业数量的快速增长,重要的是,在入选的企业中大部分都是国有企业(表8-1)。

[①] 张有奎:《何为社会主义现代化强国》,载《大众日报》2018年1月25日。

表8-1　　　　　1996～2016年中国企业入围"世界500强"情况统计

企业类别	1996年	1997年	1998年	1999年	2000年	2001年	2002年	2003年	2004年	2005年	2006年	2007年	2008年	2009年	2010年	2011年	2012年	2013年	2014年	2015年	2016年
美国	153	162	173	184	178	184	198	192	190	176	170	162	153	140	140	132	132	132	128	128	134
日本	142	126	114	101	107	104	88	88	82	81	70	67	64	68	71	68	68	62	57	54	52
中国	4	6	5	8	11	12	13	11	16	18	23	30	35	43	54	69	79	95	100	106	110
内地企业	2	3	3	5	9	11	11	11	14	15	19	22	26	34	43	58	70	88	92	94	100
国有企业	2	3	3	5	9	11	11	11	14	15	19	22	25	33	40	54	64	79	82	83	82
央企	1	2	2	3	5	7	7	6	8	9	14	17	20	24	30	38	44	50	47	47	50

资料来源：张宇等：《中国特色社会主义政治经济学》，高等教育出版社2017年版，第58页。

第八章　深化国有企业改革

国有企业是关系我国国家安全、经济发展、社会稳定、国际竞争力和话语权的重要力量，深化国有企业改革意义深远。构建现代化经济体系，需要坚持我国社会主义初级阶段的基本经济制度，按照世界经济规律和社会主义建设规律、市场经济规律来完善我国社会主义市场经济体制，在实际工作中推动国有企业积极贯彻新发展理念，通过质量变革、效率变革、动力变革来推动高质量发展，在激烈的国际竞争中，维护我国经济安全，维护经济主权，共同推进现代化强国建设。因此，深化国有企业改革是建设现代化经济体系的重要内容，对于现代化经济体系建设发挥着极为重要的作用。

第二节　深化国有企业改革的思路和重点

党的十八大以来，党中央高度重视国有企业改革工作，不仅出台了顶层设计，而且形成了具体路径安排。五年多来，我国国有企业改革四梁八柱式的制度框架已经形成，国有资产监管体系进一步完善，体制机制改革迈出坚实步伐，党的建设不断加强，经济效益显著提升，服务国家经济社会发展能力显著增强。但客观来看，与新时代建设现代化经济体系的要求相比，国有企业改革的任务仍然任重道远。我们要坚定国有企业改革的方向，把握国有企业改革的重点，推动国有企业改革不断深化。

一、国有企业改革的思路

（一）国有企业改革思路是决定国有企业改革成败的基础

虽然国有企业作为一种世界经济现象，广泛地存在于各个经济体中。但对于国有企业地位、作用、性质的认识却存在明显的分歧。以西方新自由主义为代表的经济理论从人的自私本性和私有制出发，认为国有企业的产权公有必然导致低效率。以发展经济学为代表的经济理论，虽然都承认国有企业在发展中国家存在一定的现实必然性，但大多认为这种企业组织形式具有无法克服的弊端。马克思主义政治经济学则从社会化大生产出发，论证了随着分工的日益细化和私有产权条件下资本对剩余价值（利润）追逐的无穷尽性，资本主义必然出现生产社会化和生产资料私有制之间的矛盾，这种矛盾是资本主义私有制框架内无法解决的，未来社会需要通过社会共同占有生产资料（公有制）来突破。同时，生产资料公有制在国有企业内部因为摒弃了少数人因为生产资料占有关系而不劳而获，也避免了大多数无产者因生活所迫而被迫出卖劳动力产生的积极性损失。因此，国有企业既是生产力和分工发展的必然结果，也能够调动起各方的积极性而具有效率基础。

思想是行动的先导。不同的国有企业理论，决定了国有企业改革的方向和国有企业地位也是不同的。基于西方新自由主义的理论，国有企业改革的方向必然是私有化，通过消灭国有企业来解决所谓的"国有企业效率"问题。在拉美国家和苏联东欧地区，正是基于新自由主义思想的"华盛顿共识"影响下，这些国家纷纷通过国有企业的私有化，变国有企业为私营企业。但历史的发展并没有按照新自由主义的设想前进，这些国家并没有因为国有企业的私有化而解决资源高效配置问题，反而出现了经济的大幅衰退。我国在社会主义市场经济发展过程中，坚持国有经济的主导地位，通过深化国有企业改革，不断增强国有经济的影响力和控制力，实现国民经济快速发展。方向就是旗帜，方向就是道路，只有选对了方向，才能取得预期的效果。方向错了、道路反了、只能是出现颠覆性的错误，与初衷背道而驰。正如习近平同志2009年在大庆油田发现50周年庆祝大会的讲话中指出的："旗帜问题是党和国家工作的首要问题，也是国有企业的首要问题。"① 深化国有企业改革，应该坚持的方向，应该高举的旗帜，就是坚定中国特色社会主义理论自信、道路自信、制度自信、文化自信，在习近平新时代中国特色社会主义思想指引下，把国有企业做优做强做大。

（二）进一步深化国有企业改革的思路

国有企业改革是当前社会高度关注的社会热点问题，也是全面深化改革的重要领域，事关全面建成小康社会目标的实现，关系到建设现代化强国的进程，必须坚持正确的改革方向，积极稳妥有序地推进改革。

改革开放40年来，我国在坚持社会主义基本经济制度的基础上，逐渐从传统的计划经济体制转向社会主义市场经济体制，已经构建起社会主义市场经济的基本框架，而且在这种基本框架下我国经济发展取得了巨大的成就，经济规模、经济竞争力、国际影响力等都有了很大的提升。今后，要全面建成小康社会，建设社会主义现代化强国，也必须坚持社会主义市场经济的改革方向。

---

① 习近平：《在大庆油田发现50周年庆祝大会上的讲话》，载《石油政工研究》2009年第5期，第13页。

第八章 深化国有企业改革

正如党的十九大报告指出的,"实现'两个一百年'奋斗目标、实现中华民族伟大复兴的中国梦,不断提高人民生活水平,必须坚定不移把发展作为党执政兴国的第一要务,坚持解放和发展社会生产力,坚持社会主义市场经济改革方向,推动经济持续健康发展。"因此,社会主义市场经济是我国经济体制改革的目标导向和基本方向。

坚持社会主义市场经济改革方向,就需要把社会主义与市场经济实现更好地结合。在企业微观层面,社会主义因素和市场经济因素结合的重要形式就是国有企业。新中国成立后,我国在计划经济体制下建立起来了传统的国有企业体制,国有企业成为政府的附属物,只是国家经济工厂中的一个"车间"和国家产业链条上的一个"节点"。因此,传统的国有企业并非独立的经营主体,其运行过程中缺乏基本的市场关系,而是具有"类政府"性质的生产流通组织。改革开放以来,我国逐渐从计划经济体制转向社会主义市场经济体制,我国国有企业也逐渐从政府"附属物"转变成为独立的市场经济主体,成为自主决策、自负盈亏的经济组织,成为不同于传统国有企业的"新国企"[①]。新型国有企业属于全民所有的产权属性以及市场化运作的市场定位,使得国有企业一方面具有社会主义公有制的所有制属性,能够在企业组织中体现社会主义的基本经济关系,有利于坚持和发展我国基本经济制度,另一方面作为独立的市场主体,需要在市场经济中参与市场竞争,在竞争中实现自身的发展。因此,新型国有企业是社会主义市场经济的产物,国有企业自身已经适应了社会主义市场经济发展的要求。正如党的十八届三中全会所指出的:"国有企业总体上已经同市场经济相融合"。

在社会主义市场经济体制下,深化国有企业改革,必须坚持市场化的改革方向。由于我国特殊的制度变迁、传统国有企业形成的"思维定式"以及国有企业的产权属性,国有企业往往被人理解为政府直接控制的企业组织,有些地方政府工作人员也错误地认为国有企业是国家的,政府就可以任意地干预。导致许多国有企业在实际生产经营过程中,受到政府的过多干预,扭曲了国有企业的市场化行为,影响了国有企业的功能发挥和效率提高。经过改革开放40年的探索,国有企业已经具备了参与市场平等竞争的能力,只要国有企业能够完成国有资产保值增值的任务,履行好国有企业的社会责任,政府应该放手让企业自主经营,真正平等地参与市场竞争。党的十八届三中全会提出,让市场在资源配置中起决定性作用和更好发挥政府作用相结合。这为国有企业坚

---

① 金碚、黄群慧:《"新型国有企业"现象初步研究》,载《中国工业经济》2005年第6期。

持市场化改革方向提供了良好基础。坚持市场化的改革方向，就是要坚持国有企业的企业市场行为由企业自主决策，减少政府对企业经营行为的过多干预，这是我国国有资产管理体制从"管人管事管资产"转向"管资本"为主的根本逻辑。

二、深化国有企业改革的重点

进入新时代，国有企业改革在经历了"放权让利""承包制"、股份制、"抓大放小""有所为有所不为"、战略性结构调整之后，面临着新的起点。在社会主义市场经济框架下，坚持市场化改革方向的逻辑，以建设世界一流企业为目标，以做优做强做大国有企业为基本要求，深化国有企业改革要突出以下重点。

（一）不断增强国有企业的制度自信

经过40年的不断探索，我国国有企业改革取得了巨大的成就，国有企业的活力、影响力和控制力在不断增强。根据统计，截至2017年底，国有企业资产总额1517115.4亿元，同比增长10%；负债总额997157.4亿元，同比增长9.5%；所有者权益合计519958亿元，同比增长11%。其中，中央企业资产总额751283.5亿元，同比增长8.2%；负债总额511213亿元，同比增长7.3%；所有者权益合计240070.5亿元，同比增长10.2%。地方国有企业资产总额765831.9亿元，同比增长11.8%；负债总额485944.4亿元，同比增长11.9%；所有者权益合计279887.5亿元，同比增长11.7%。[1] 这些国有资产成为我国贯彻新发展理念，推进供给侧结构性改革，实现高质量发展的重要基础，也是我国建设现代化强国，实现中华民族伟大复兴中国梦的重要物质力量。同时，国有企业自身的市场竞争力、盈利能力也在不断提升，根据统计，2018年1~6月份，国资监管系统监管企业实现营业收入25.7万亿元，同比增长10.6%，实现利润总额16508.9亿元，同比增长22.6%，其中中央企业实现营业收入13.7万亿元，同比增长10.1%，实现利润总额8877.9亿元，同比增长23%。[2]

---

[1] 财政部资产管理司："2017年1~12月全国国有及国有控股企业经济运行情况"，财政部网站，2018年1月23日，http://zcgls.mof.gov.cn/zhengwuxinxi/qiyeyunxingdongtai/201801/t20180122_2798986.html。

[2] "国资委召开中央企业地方国资委负责人视频会 要求以习近平新时代中国特色社会主义思想为指导 奋力开创国企国资高质量发展新局面"，国务院国资委网站，2018年7月18日，http://www.sasac.gov.cn/n2588030/n2588924/c9258344/content.html。

第八章　深化国有企业改革

尽管我国国有企业在不断发展壮大，在做强做优做大的道路上不断取得新进展，但有些人仍然对国有企业制度存在误解和偏见，"国有企业低效率""国有企业垄断""国有企业造成社会不公""国有企业与民争利"等各种妖魔化的言论不断出现。这些言论，从某种程度上影响了社会民众、部分党政领导干部以及国有企业经营管理者对于国有企业的情感认同，恶化了国有企业发展壮大的社会舆论生态，也为少数人侵吞国有资产、化公为私、以权谋私、推行国有企业私有化提供了空间。

其实，这些唱空国有企业、贬损国有企业、主张取消国有企业的言论在理论上和实践上都是站不住脚的。在理论上，比如关于国有企业的效率问题，尽管以吴（Woo，1994，1997）、萨克斯（Sachs，1997）、帕金斯（Perkins，1999）和张维迎（1995）、樊纲（1996）等人为代表的学者提出"国有企业非效率论"，他们根据国有企业的产值比重、财务指标、全要素生产率（TFP）和国有企业的亏损等指标自20世纪90年代以来持续恶化，并成为中国经济发展的拖累出发，得出中国经济的出路在于民营化的结论。但也有学者提出国有企业并非必然低效率，如以洛（Lo，1999）、杰弗森（Jefferson，1992、1994、1996）、林毅夫（1996）、罗夫斯基（Rawski，1994）、努顿（Nauton，1992）、郑玉歆（1996）和邢俊玲（1999）等人为代表的经济学家坚持"中国国有企业效率论"，他们认为，中国国有企业无论从财务指标还是其他指标都不像"非效率论"所认为的那样必然缺乏效率。[①] 刘元春（2001）等人的研究则区分了国有企业的宏观效率和微观效率，发现国有企业尽管在微观层面存在低效率，但宏观上是高效率的。荣兆梓（2012）的研究发现，中国工业产业中，2003年后国有企业的相对技术效率是超过非国有企业的，而且这种差距一直在扩大。从实践来看，国内外都有大量经营成功的国有企业，如林毅夫（1996）分析了韩国国有企业浦项钢铁公司（Posco）与日本的钢铁企业在生产效率上的区别，发现1986年韩国浦项钢铁公司人均生产粗钢467吨，而日本5家最大的钢铁公司的平均水平只有327吨，浦项的这种效率优势为韩国民众和韩国经济提供了很多好处。即使是在一些发展中国家，像肯尼亚茶业发展局（Kenyan Tea Development Authority）、埃塞俄比亚电信公司（Ethiopian Telecommunications Authority）、坦桑尼亚供电公司（Tanzanian Electricity Supply Company Limited）、塞拉利昂的古玛河流域水利公司（Guma Valley Water Company of

---

[①] 刘元春：《国有企业宏观效率论：理论及其验证》，载《中国社会科学》2001年第5期，第69~70页。

Sierra Leone）等也取得了很好的经营绩效。从宏观来看，无论是第二次世界大战后的发达国家，比如奥地利和法国的国有经济比重都曾长期高于10%，奥地利国有经济比重甚至占总产出的比重高达20%，而这也是保证第二次世界大战后和两次世界大战期间奥地利宏观经济表现悬殊的重要因素。[①]再比如，苏联曾经被称为"帝国主义链条上最薄弱的一环"，是在半农奴制国家的基础上发展起来的，正是依靠社会主义优势和国有企业的力量，迅速成长为世界第二大强国。与此形成鲜明对比的是苏联解体和东欧剧变之后，俄罗斯因为实行了以私有化、市场化、自由化等为特征的华盛顿共识，采取了"休克疗法"，大量国有企业被私有化，但俄罗斯的经济和人民生活并没有因为这种国有企业私有化而出现改善，反而变得恶化。因此，从理论和实践上，认为国有企业必然低效率、必然搞不好的言论是站不住脚的。

唱衰国有企业的言论一直存在，除了某些人受到西方新自由主义理论的影响而产生的偏见之外，还有意识形态、制度认同等方面的原因，也与过去几十年国有企业在公平效率问题上仍然还存在不令人满意的方面有关。这种言论的存在，背后反映的是对国有企业缺乏制度自信。

自信，才能坚持，才能在遇到问题的时候想办法谋出路，才能在正确的道路上不断发展。习近平总书记指出：国有企业是国民经济发展的中坚力量，对国有企业要有制度自信。当前，应该在全社会树立对国有企业的制度自信，坚定国有企业是中国建设现代化强国的关键力量，公有制与市场经济的结合是中国特色国有企业的制度优势，国有企业存在的问题并不是公有制和国有企业制度自身带来的，不能把国有企业妖魔化、意识形态化。应通过增强制度自信，让国有企业浴火重生、凤凰涅槃，不断做优做强做大，建设成为具有全球竞争力的世界一流企业。

（二）继续建立和完善现代企业制度

在建设现代化强国的进程中，深化国有企业改革的重要目标是建设现代一流企业，这就要求按照现代企业制度去改造国有企业的公司治理。

现代企业制度，是以市场经济为基础，以企业法人制度为主体，以有限责任制度为核心，以产权清晰、权责明确、政企分开、管理科学为特征的新型企业制度。现代企业制度是市场经济发展到一定阶段后，许多私有企业出现股权

---

① 林毅夫、蔡昉、李周：《充分信息与国有企业改革》，格致出版社、上海人民出版社2014年版，第92~93页。

分散化和知识专业化的背景下出现的。股权的分散化和知识的专业化，使得私人企业的控制权和所有权进行了分离，作为企业股权所有者依据股权结构获取收益，也承担相应的风险，形成了企业法人制度和有限责任制度。现代企业制度的出现，有助于实现资本集聚和管理专业化，提升资本抗风险能力，促进了生产力的解放，带动了经济发展。正如马克思指出的："假如必须等待积累去使单个资本增长到能够修铁路的程度，那恐怕直到今天世界上还没有铁路，但是通过股份公司，转瞬之间就把这件事办成了。"[1] 这里马克思虽然分析的是股份制，但股份制的出现是现代企业制度出现的基础和条件。

对于现代企业制度，具有产权清晰、权责明确、政企分开、管理科学的特征。需要指出的是，现代企业制度的这些特征不能片面化、绝对化，对于这些特征需要科学理解。比如，现代企业制度强调产权清晰，但产权清晰并不是一定只限于私有资产。从产权权属来看，国有企业的公有产权也是清晰的，它的所有权、控制权、处置权、受益权等各种权属在现代企业制度下是清晰的，决不能陷入新自由主义只有私有产权才是产权清晰，只有私有化才能实现产权清晰的错误认识。另外，政企分开是指在企业的具体经营活动中，面向市场的企业决策应该由企业自主决定，减少政府的盲目干预，但国有企业的政企分开并非是政府彻底放任不管，因为国有企业的所有制属性决定了它除了承担着财富创造的经济功能外，还具有政府宏观调控、熨平经济周期、实现国家经济战略、承担社会责任等职责。这些非经济功能的发挥需要慎重，需要通过科学合理的途径和方式来实现，否则就不能称为真正的国有企业。同时，强调政企分开，并非不要党和政府的领导。正如习近平总书记在党的十九大报告中指出的："东西南北中，党政军民学，党是领导一切的。"[2] 国有企业作为党领导下建立起来的经济组织，要充分地发挥其职能，仍然需要加强党的建设。

（三）加强国有资产监管体制改革

国有企业的资产属于全民所有，各级政府都是代表人民行使所有权，国有企业高管作为人民的代表、代理人经营管理企业。国有企业改革、国有资产的运营都应该以全体人民的利益最大化为根本出发点，决不能让国有资产在经营过程中出现人为的流失。习近平总书记指出："要吸取过去国企改革经验和教

---

[1] 马克思：《资本论》第一卷，人民出版社2004年版，第724页。
[2] 习近平："决胜全面建成小康社会 夺取新时代中国特色社会主义伟大胜利——在中国共产党第十九次全国代表大会上的报告"，新华网，2017年10月27日，http://www.xinhuanet.com/politics/19cpcnc/2017-10/27/c_1121867529.htm。

训,不能在一片改革声浪中把国有资产变成谋取暴利的机会。"① 而加强国有资产管理体制改革,是避免国有资产流失,加强国有资产监管,提高国有资本运营效率的重要保障。

我国的国有资产监管体制是随着国有企业改革形势的变化而逐步调整的。改革开放前,国有企业是政府经济决策的执行机构,国有企业直接听命于政府的行政命令,因此,国有资产的监管贯穿于企业运行和管理的全过程。改革开放后,随着社会主义市场经济的发展,政府对国有企业的直接控制越来越少,国有企业的委托代理关系以及企业生产运行信息的"私人性",使得国有资产监管越来越重要。曾有一段时间,对国有企业和国有资产的监管不到位,导致许多国有企业被贱卖,甚至无偿赠送,有些国有企业的领导人通过"故意做亏"的方式把企业搞得亏损,然后通过管理层收购(MBO)的形式据为己有,造成了国有资产的大量流失,也使有些经营良好的国有企业受到影响,使国有企业的整体效益下滑。为了维护我国的基本经济制度,巩固和发展国有经济,加强对国有资产的保护,发挥国有经济在国民经济中的主导作用,我国停止了"管理层收购",并于2008年出台了《企业国有资产法》。

党的十八大以来,我国在深化国有企业改革的过程中,结合变化了的经济形势,不断加强和完善国有资产监管体制。五年来,各级国资委作为我国国有资产的出资人代表,不断探索完善国有资产监管体制改革,积极推进国有企业结构调整和创新发展,一方面通过简政放权,让国有企业有更多的决策权,以适应市场的变化,提高企业决策的自主性和灵活性。根据统计,五年来,国务院国资委取消下放各项职能43项,各地国资委下放职能563项。另一方面通过完善制度、加强监管,确保国有资产保值增值,防止国有资产流失。同时,我国国资监管通过构建"三三工程"②,推行三个转变、构建三级架构、实行三种分类的监管模式,建立了推动出资人监管、外派监事会监管与审计、巡视等协调配合的制度体系。

但客观来看,我国国有资产监管体制尚不健全,国有资产监管中缺位、越位、错位等问题依然存在,仍然亟须加快调整优化监管职能和方式,推进国有

---

① 习近平:"不能在一片改革声浪中把国有资产变成谋取暴利的机会",中国共产党新闻网,2014年3月10日,http://cpc.people.com.cn/n/2014/0310/c64094-24583612.html。

② "三三工程"是指在国有资产监管中实现管理体制三个转变、管理层级三级架构、国有企业三种分类。国有资产管理体制三个转变是指推动国有资产管理从管资产到管资本的转变、从管企业领导层到管董事会代表转变、从管资产乃至运营到管监督规则的转变。管理层级的三级架构是指构建国资委、国资运营投资公司、国有企业三级架构。国有企业三种分类是指根据国有企业的功能和属性不同,划分为盈利性企业、保障型企业和公益性企业三种类型。

资产监管机构职能转变,进一步提高国有资本运营和配置效率。今后要重点围绕"管资本"为主构建监管体系,把增强国有企业活力和强化国有资产监管结合起来,加快建立有效制衡的法人治理结构、灵活高效的市场化经营机制,完善授权经营体制,尽快构建起具有中国特色、适合中国国情、高效有力的国有资产监管体系。

(四)建设具有全球竞争力的世界一流企业,推动国有企业做优做强做大

深化国有企业改革的根本目标是推动国有企业做优做强做大,发挥好国有企业、国有经济在维护社会主义基本经济制度、提高人民福祉、推进社会主义现代化、保障党和国家事业发展中的基础性、保障性作用。这些作用的发挥,要依赖于国有企业竞争力的提高,将国有企业努力建设成为具有全球竞争力的世界一流企业。

党的十九大报告首次明确提出:"深化国企国资改革,发展混合所有制,培育具有全球竞争力的世界一流企业。"[①] 这为我们深化国有企业改革指明了根本遵循和前进的方向。企业强,则国家强。国家的强大、国家的竞争力、影响力要依靠优秀的世界一流企业创造出优秀的世界一流产品和服务来获得。党的十八大以来,我国通过深化国有企业改革,特别是通过国有企业之间的兼并重组,为培育世界一流企业奠定了基础。根据统计,党的十八大以来,我国共完成18组34家中央企业重组,央企数量调整到98家。而中国南车和中国北车合并组建新的中国中车集团、宝钢和武钢重组为中国宝武集团、中国五矿和中冶集团重组为新的中国五矿集团、神华和国电合并成立国家能源投资集团等重大重组,不仅提升了市场集中度,减少了重复投资和资源浪费,而且也提高了在国际市场上的话语权、定价权,使国有企业在国际上的控制力、影响力、带动力明显提升。有数据显示,目前我国央企资产总额超过53万亿元人民币,境外资产总额超过6万亿元,分布在全球185个国家和地区,国有企业开创的中国高铁、核电、智能电网、"天宫一号"空间实验室、"蛟龙号"深海载人潜水器等重点领域核心技术达到国际领先水平。[②]

当然,培育具有全球竞争力的世界一流企业,我国有些国有企业已经具备

[①] 习近平:"决胜全面建成小康社会 夺取新时代中国特色社会主义伟大胜利——在中国共产党第十九次全国代表大会上的报告",新华网,2017年10月27日,http://www.xinhuanet.com/politics/19cpcnc/2017-10/27/c_1121867529.htm。

[②] 《新时代国资国企改革 全力打造世界一流企业》,载《经济日报》2018年1月19日。

了一定的基础,已经迈进或接近世界一流企业的阵营。但客观来说,我国国有企业的总体水平距离世界一流企业仍然具有差距,资产规模、技术水平、管理能力、盈利能力、创新能力、国际影响力、话语权、定价权等仍然相对落后,仍然需要通过深化改革、增加活力、提升资本积累和集聚的能力,走创新驱动发展战略、培育世界视野,做有担当受尊敬的世界企业。今后,要鼓励国有企业努力提升国际化经营水平,发挥中国国有企业的制度优势,充分利用国内国际两种资源、两个市场,围绕企业核心竞争力和提高盈利能力,积极促进产业链延伸和价值链提升,鼓励国有企业加大技术研发和关键技术获取能力,尽快占据产业中高端,通过体制机制创新,健全企业市场化经营水平,优化世界产业布局,同时要积极履行企业社会责任,加强国有企业的软实力,打造具有世界竞争力的世界一流企业。

(五)以习近平新时代中国特色社会主义思想推进国有企业党的建设

办好中国的事情,关键在党。办好中国的国有企业,关键在加强国有企业党的建设。国有企业产权属于全民所有,各个国有企业的高管作为人民的代表进行资产管理和运营,实现国有资产的保值增值,服务经济社会发展的国家战略。通过加强国有企业党的建设,能够把有能力有担当有远见的人选进国有企业的领导班子,并团结企业员工共同管理运营好国有企业,这是搞好国有企业的关键。从我国国有企业改革的历程来看,由于有些人盲目地照搬西方的理论,片面以西方发达国家私有制企业作为模板,枉顾我国特殊的国情和企业制度,片面的宣扬党政分开(在国有企业内部是业务和党建分开)、政企分开的言论,使得许多国有企业管理人员对国有企业党的建设形成了错误认识,一味强调国有企业党的建设和具体的企业经营分开,夸大了"新三会"和"老三会"的矛盾,使国有企业党的建设缺乏抓手,逐渐流于形式。加上过去有一段时间我们对加强国有企业党的建设认识不足、重视不够、措施不到位、制度不健全,导致国有企业党的建设被弱化、淡化、边缘化。表现为国有企业的生产经营管理过程中各种监督力度不足,许多贪污腐败、以权谋私、化公为私、假公济私等现象不断出现,这从近年来国有企业不断查出的腐败案例中得到印证。

当前,加强国有企业党建,要以习近平新时代中国特色社会主义思想为指导,认真贯彻落实党的十九大精神,把政治建设摆在首位。要把加强广大国有企业党员干部的党性修养和党员领导干部政治觉悟作为重要抓手,牢记第一身份是共产党员,第一职责是为党工作,自觉同各种违背原则、违反党规党纪、违背中央精神的现象和行为做斗争，自觉抵制商品交换原则对党内生活的侵蚀。加强国有企业党的建设，要加强制度建设，贯彻落实中央提出的党建责任制，全面加强从严治党，对党的领导弱化、党的建设缺失、党建工作履职不到位、措施不得力的要严肃问责。要自觉纠正加强党的建设与企业业务矛盾、冲突的错误观点，提高加强党的建设的自觉性、积极性、主动性。要加强国有企业基层党组织建设，把基层党组织建设成为提高国有企业竞争力的战斗堡垒。要坚决整治"四风"突出问题，严格贯彻落实中央八项规定和各项党的建设制度，推动反腐败斗争深入开展，加大巡查巡视力度，同各种违法腐败现象做斗争，为建设世界一流企业提供坚强的组织保证。

第三节　深化国有企业改革的举措

深化国有企业改革，是当前完善社会主义市场经济体制，实现高质量发展的重要内容。进入新时代，贯彻以习近平同志为核心的党中央对国有企业改革做出的重大决策部署，按照做优做强做大的总要求，努力把国有企业培育成为具有全球竞争力的世界一流企业。

一、积极推进混合所有制改革

"混合所有制"这一概念在1997年党的十五大报告就提出来了，党的十六大又进一步提出发展混合所有制经济，到党的十八届三中全会把混合所有制经济作为我国基本经济制度的重要实现形式和国有企业改革的实现路径提出来，表明我国对混合所有制经济的认识在不断深化。

混合所有制有宏观和微观两种含义。从宏观来看，是指一个经济体中，国有经济、民营经济、外资经济并存的经济形式。从微观来看，是指一个企业组织形式中，由国有资本、民营资本、国外资本、股份资本、集体资本等不同组合形成的企业股权结构。作为国有企业改革的重要路径，推动混合所有制改革主要是从微观企业组织内部，国有资本和非国有资本的组合。推进混合所有制经济发挥各种资本的优势，取长补短，以实现各自利益的最大化。

国有企业推进混合所有制改革，在具体路径上可以通过引入非国有资本参与国有企业改革、鼓励国有企业参股非国有企业、国有企业股权结构多元化、员工持股等多种方式来实现。但当前亟须解决两个问题：一是混合所有制改革的动力问题，二是混合所有制企业公司治理的融合问题。

关于混合所有制改革的动力问题。当前，我国把混合所有制作为国有企业改革的重要方向，但客观来说，参加混合所有制改革的各方动力不足。作为国有企业的一方来说，由于担心混合所有制改革后非国有资本产权主体的引入，可能会导致管理权受到削弱，操作不好可能会造成国有资产流失，甚至有可能被指责为私有化。同时，改组为混合所有制企业后如何加强企业党建等方面也可能存在问题。而作为民营资本的一方来说，也存在担心参股国有企业形成混合所有制企业后自身的话语权受到损失，个体的私有产权可能遭受侵害，不同的民营资本与国有资本不同的决策逻辑可能导致各种经营风险，而且重要的是盈利能力强的国有企业混改的动力不足，盈利能力差的国有企业混改对民营资本的吸引力却不足，造成开放行业利润低，想进入高利润行业"门槛"高等问题。

关于混合所有制企业公司治理的融合问题。由于国有资本主体和非国有资本主体的决策逻辑、决策形式、决策效率等都有明显差异，国有资本主体决策受到的制度约束较多，而民营资本主体决策受到的制度约束较少，加上对市场的认识存在差异，可能导致混合所有制企业的决策协调成本高，甚至错失市场机会。因此，国有资本主体和民营资本主体在企业层面的真正融合比较困难，处理不好，可能只是"油水混合"。

当前，推进国有企业的混合所有制改革，要以重点解决国有企业混改的动力和混改后的融合问题为抓手，采取"一企一策"的方式，制订科学合理的混合所有制改革方案，不能盲目地设置时间表和路线图，要因地制宜、因企制宜。混合所有制改革的关键是要公开透明，各种混合所有制改革措施都要在阳光下运行，以防止国有资产流失。同时，也要避免混合所有制改革的急躁冒进，防止"一混就灵"的错误观点。

二、以"三个有利于"为标准推进国有企业改革

国有企业改革涉及面广，影响深远。如何把全民所有的国有资产经营好、管理好是一个关系到国家长远发展和社会和谐稳定的重大问题。深化国有企业改革要坚持正确的方向和科学的评价体系。

改革是一个转变、改变的过程，如何评价一项改革政策的成败得失是关系到如何推进改革的重大问题。关于国有企业改革，在过去一段时间出现了以片面追求"国有企业从竞争性领域退出"等改革举措，引发了一系列问题，也和中央关于国有企业改革的初衷相违背。

第八章　深化国有企业改革

2015年7月，习近平总书记在吉林视察期间提出："推进国有企业改革，要有利于国有资本保值增值，有利于提高国有经济竞争力，有利于放大国有资本功能。"①"三个有利于"标准的提出第一次为国有企业改革提出了判断标准、划出了改革红线、指明了改革方向，也为我们坚定国有企业改革的正确方向提供了重要保障。

国有资本保值增值是对各类国有企业管理人员履行代理人职责的基本要求。国有企业的国有资产是全民所有，国有企业的管理人员作为全体人民的代理人行使国有资产的经营管理职责，理应把全民所有的国有资产经营好。"保值"是最低要求，只有做到保值，国有资产的规模才能不缩小，全民的利益才能不受损。"增值"是国有资产作为资本投入对资本积累的内在要求，是实现做优做强做大国有资本的基础。只有做到保值增值，国有企业才能实现规模扩张和竞争力、影响力、控制力的提高。

国有经济竞争力是国有经济在市场竞争中实现做大做强的重要保障，也是维护基本经济制度，发挥国有经济主导作用的重要内容。国有经济只有不断提高竞争力，才能把优质资源吸收到国有企业和国有经济中来，才能在与民营资本和国外资本的激烈竞争中，掌握市场主动，提高盈利能力，也才能实现国有经济的自我壮大。

放大国有资本功能是我国国有企业改革的重要方向，也是维护社会主义基本经济制度的内在要求。我国实行以公有制为主体，多种所有制经济共同发展的基本经济制度，要保证公有制经济的主体地位，需要发挥国有经济的主导作用。在微观层面需要国有企业、国有资本放大功能，用较少的资本发挥杠杆作用，撬动更多的社会资本、引导社会资本沿着社会主义方向发展，保障人民群众的根本利益，引导社会走向共同富裕和实现中华民族的伟大复兴。

坚持"三个有利于"的改革标准，在推进改革过程中，就要时刻对照"三个有利于"标准，来审视我们的改革政策、改变改革过程中的一些错误做法，真正贯彻落实以人民为中心的发展思想，真正把国有企业做优做强做大。

三、推进国有企业"瘦身健体"，公平参与市场竞争

由于我国国有企业特殊的制度变迁，传统国有企业类似于"小政府"，

---

① "习近平在吉林调研时强调　保持战略定力增强发展自信"，新华网，2015年7月18日，http://www.xinhuanet.com/2015-07/18/c_1115967338.htm。

国有企业承担了办社会的职能。改革开放以后，我国在国有企业改革的过程中，逐渐剥离企业办社会的职能。但客观来说，国有企业承担的社会政策性负担仍然比较多，这导致国有企业自身的管理层级、代理链条比较多，非主业支出大，客观上影响了国有企业的活力和竞争力，制约了国有企业的高质量发展。

加强国有企业的"瘦身健体"，通过剥离企业办社会职能，基本完成"三供一业"① 分离移交和教育医疗机构改革，完成市政社区管理等职能移交，是按照市场化运行规则，革除束缚在国有企业身上的体制机制障碍，清除国有企业大而全、小而全的弊端，减轻企业负担，实现加快构建灵活高效的市场化机制的内在要求，也是提高国有企业竞争力、影响力、抗风险能力，实现高质量发展的重要内容。

党的十八大以来，在党中央和国务院的统筹安排下，我国制定了到2020年彻底解决国有企业办社会职能和解决历史遗留问题的目标。2017年，我国启动5个独立工矿区综合改革试点、5个城市退休人员社会化管理试点，先后出台了"三供一业"移交、市政社区管理等职能分离移交、消防机构分类处理、教育医疗机构深化改革、退休人员社会化管理试点、厂办大集体改革等配套文件，建立了国有企业和地方协同机制，实现了责任衔接。到2017年底，我国"三供一业"完成分离移交或签订移交协议的达到80%，其中达到90%以上的有16个省市区，25家央企。② 通过"瘦身健体"，使国有企业轻装上阵，立足主业，有助于和其他市场主体开展公平竞争，也有利于提高国有企业的竞争力和盈利能力，推动国有企业高质量发展。

今后，要按照党中央和国务院的统一部署，积极主动地开展工作，加快完成"三供一业"分离移交，统筹移交和改造的任务，规范分离移交工作，做到实质性移交。同时要做好广大国有企业人员的利益保障工作，不能让他们因为改革而出现利益受损。要重点围绕独立工矿区做好剥离办社会职能，严格落实《关于进一步推进国有企业独立工矿区剥离办社会职能有关事项的通知》精神，加强相关职能的移交、撤并等工作。对国有企业办教育医疗机构，要深化改革，做好集中管理、改制和移交工作。积极稳妥，精准施策，推进厂办大集体改革和退休人员社会化管理工作。

---

① "三供一业"是指国有企业的供水、供电、供暖和物业管理。
② 孟建民："坚决打好剥离办社会职能攻坚战　努力推动国有企业高质量发展——在剥离国有企业办社会职能和解决历史遗留问题工作培训上的讲话"，国务院国资委网站，2018年4月12日，http://www.sasac.gov.cn/n2588030/n2588924/c8857645/content.html。

四、完善制度创新，在更好发挥人的作用上形成改革合力

马克思主义原理告诉我们，人是推动生产力发展最能动的力量。在国有企业改革的过程中，解决人的问题是深化国有企业改革的关键。

以双轨制推进国有企业高管人事制度改革。国有企业的高管人员，发挥着企业家的作用，是影响国有企业发展的关键。党的十八届三中提出"建立职业经理人制度，更好发挥企业家作用。"要改革国有企业高管人员的选人用人机制，把组织选聘和市场化选聘相结合，给人才更多的选择和发展的空间。同时，针对不同类型人员制定不同的考核制度和薪酬制度，以更好发挥高管的人力资本优势。

以深化国有企业工资决定机制为突破口，调动国有企业职工积极性。国有企业长期被认为是贯彻按劳分配原则，体现公平分配的样本。但国企改革过程中，出现了高管天价薪酬、基层职工收入很少以及行业差距过大的情况。2018年3月，中央深改组审议通过了《关于改革国有企业工资决定机制的意见》，5月份，国务院印发了这一文件，对国有企业工资决定机制做出了顶层设计。各个国有企业要抓紧按照文件精神，结合各自企业特点，健全职工工资与经济效益同向联动机制、能增能减机制，调节过高收入，以调动广大职工的积极性，共同推动国有企业改革走向深入，实现国有企业做优做强做大。

以企业党建为引领，抓好国有企业党员领导干部队伍建设。国有企业发展的好坏，很大程度上取决于是否有一个团结高效的党支部和一支坚强过硬的党员干部队伍。要以提高党性修养和素质能力为抓手，加强国有企业党的建设，用素质过硬、坚强有力的党组织和党员队伍，引领国有企业提高市场活力和竞争力，实现高质量发展。同时，要通过加强党的建设，引导国有企业承担社会责任，发挥国有企业的示范引领作用和政治责任，引导民众的情感认同，为深化国有企业改革营造良好的社会氛围。

参考文献

[1] 樊纲：《中国渐进改革的政治经济学》，远东出版社1996年版。

[2] 林毅夫：《中国的奇迹》，格致出版社、上海三联书店、上海人民出版社1996年版。

[3] 刘元春：《国有企业的"效率悖论"及其深层次的解释》，载《中国工业经济》2001年第7期。

［4］刘元春：《国有企业宏观效率论：理论及其验证》，载《中国社会科学》2001年第5期。

［5］荣兆梓：《进一步深化国有企业改革的若干问题》，引自《中国特色社会主义政治经济学十五讲》，中国人民大学出版社2016年版。

［6］魏峰、荣兆梓：《国有企业与非国有企业技术效率的比较》，载《经济纵横》2012年第2期。

［7］严汉平等：《国有经济逻辑边界及战略调整》，中国经济出版社2008年版。

［8］张维迎：《公有制经济中的委托人—代理人关系：理论分析和政策含义》，载《经济研究》1995年第4期。

第九章
推动形成全面开放新格局

十九大报告指出:"开放带来进步,封闭必然落后。中国开放的大门不会关闭,只会越开越大。要以一带一路建设为重点,坚持引进来和走出去并重,遵循共商共建共享原则,加强创新能力开放合作,形成陆海内外联动、东西双向互济的开放格局"。推动形成全面开放新格局是贯彻新发展理念,建设现代化经济体系的重点工作任务。

第一节 推动形成全面开放新格局的重大意义

推动形成全面开放新格局是中国改革开放40年成功发展的历史传承,是面对国内外严峻挑战和现实发展需求采取的重要举措,是实现中华民族伟大复兴的战略考量,从历史维度、现实维度、未来维度三个层面充分展现了其重要意义。

一、推动开放发展的历史传承

开放带来进步。改革开放40年,中国借经济全球化的契机,凭借十几亿人口优势从最底端的劳动密集型环节切入,承接了全球大规模的产业转移,深度融入国际分工体系当中。20世纪80年代,主要是台港澳的中小企业对大陆进行投资。1992年邓小平南方谈话后,中国向全世界宣告对外开放不可逆转的态势和决心,引进外资迅速飞跃和增长,拉动中国对外贸易高速增长。2001年以后,中国引进外资不仅规模大,而且产生结构性变化,包含产业链底端、中端甚至高端。中国吸引外资的过程实质上是跨国公司对中国产业链转移的过程,也是中国的国有、民营企业融入全球产业链和跨国公司分工合作、竞争发展的过程。伴随着大量产业链在东部沿海的集聚,中国制造迅速发展,对外贸易高速增长。当贸易、投资日益自由化，跨国公司进行全球布局日益便利，有利可图时，大大加快了产业的全球化经营，形成了东亚的生产网络。因为每隔一个10年中国引进外资就有一个质的变化。所以，每隔一个10年中国对外贸易就有一个高速增长，东亚生产网络的形成和发展不仅奠定了中国"世界工厂"的地位，而且也成就了中国"世界市场"的角色。大规模利用全球的资本和市场，启动了中国现代意义上的高速增长，从历史的角度看，没有对外开放和开放型经济，就不会有中国的崛起和赶超。

从2001年中国加入世界贸易组织（WTO）到金融危机爆发前的7年时间，我们可以清晰地看到中国对外贸易的高速增长，从外贸总额的增速来看，2002~2007年中国外贸总额一直保持20%以上的高速增长，而受金融危机影响的2008年增速明显下降。中国外贸总额7年增长了4倍，如表9-1所示。

表9-1　中国对外贸易发展变化情况（加入世界贸易组织后的7年间）

年份	进出口总额（亿美元）	增速（%）	出口总额（亿美元）	增速（%）	进口总额（亿美元）	增速（%）	差额（亿美元）
2001	5096.51	7.5	2660.98	6.8	2435.53	8.2	225.45
2002	6207.66	21.8	3255.96	22.4	2951.70	21.2	304.26
2003	8512.07	37.1	4383.71	34.6	4128.36	39.9	255.34
2004	11547.92	35.7	5933.69	35.4	5614.23	36.0	319.46
2005	14221.18	23.2	7619.99	28.4	6601.18	17.6	1018.81
2006	17606.86	23.8	9690.73	27.2	7916.14	20.0	1774.59
2007	21738.33	23.5	12180.15	25.7	9558.18	20.8	2621.96
2008	25616.32	17.8	14285.46	17.2	11330.86	18.5	2954.59

资料来源：中华人民共和国商务部综合司　http://zhs.mofcom.gov.cn/《中国对外贸易形势报告（2010年春季）》。

加入世界贸易组织后的7年中国的经济增速一直保持高速增长，同时保持了较低的通货膨胀率。经济发展保持高增长和低通胀是各国政府都在追求的目标，却很难实现，但加入世界贸易组织后的中国实现了，给我们的启示是对外贸易与国家宏观经济增长密切相关（如表9-2所示）。

表 9-2　　　　　　　　　　　对外贸易与经济发展的关系

项目	2001年	2002年	2003年	2004年	2005年	2006年	2007年	2008年
通胀率（%）	-0.8	-1.3	1.2	3.9	1.8	1.5	4.8	5.9
经济增长率（%）	8.3	9.1	10	10.1	10.4	11.6	11.9	9

资料来源：《中国统计年鉴》2002~2009年历年版。

改革开放之初，我们搭上了经济全球化这辆快车，迅速奠定了贸易大国和经济大国的地位。但是，2008年世界经济进入下行轨道，中国开放型经济发展所依赖的内外部环境发生了显著变化。十九大报告指出，坚持开放发展理念，"主动参与和推动经济全球化进程，发展更高层次的开放型经济，不断壮大我国经济实力和综合国力"。推动形成全面开放新格局，是在中国开放40年历史经验总结的基础上，发展更高层次的开放型经济的重要举措，对推动中国经济的高质量发展具有重要意义。

二、面对国内外严峻挑战和现实发展需求采取的重要举措

从目前发展现状来看，中国开放型经济面临的国际经贸环境及国内经济发展条件都出现显著变化，推动形成全面开放新格局对应对现实挑战具有重要意义。

（一）国际经贸环境显著改变

1. 从贸易角度来看

一是高度依赖的发达国家市场出现深刻调整。从中国出口的地区结构来看，中国和所有欠发达国家一样，对发达国家市场存在较大的依赖关系，而金融危机之后，市场需求的低迷，市场结构的剧烈变动都体现在发达国家市场。二是东南亚国家对中国劳动密集型产品出口的市场替代效应也逐步显现。东南亚一些国家如印度尼西亚、越南的劳动力成本仅是中国的1/3。我们面临的国际经贸环境发生显著改变。发达国家加紧实施再工业化，发展中国家也在加速工业化进程，我们面临着发达国家先进技术和发展中国家低成本竞争的双重挤压，加快我国产业转型升级迫在眉睫。低端领域的比较优势逐步弱化，必须加快培育高端领域的竞争优势。

2. 从投资方面来看

引资竞争越来越激烈。伴随中国各种生产成本的高昂，全球劳动密集型资

本已经跨过中国大量向东南亚投资，而全球高端资本面临欧美发达国家的竞争。与美国相比，中国沿海发达地区土地厂房、能源价格、交通物流、资金成本乃至企业税赋已经逐步失去比较优势，与美国的绝对比较优势只剩下劳动力成本优势。

3. 从中美关系来看

中美经贸关系逐步由互补关系转为竞争关系。改革开放以来，中国在全球产业分工体系中的地位不断上升。改革开放之初，我们主要是"三来一补"，大力发展加工贸易，以低端劳动密集型产业为主；2001年中国加入世界贸易组织之后，加大了引进高科技外资企业的力度，高科技外资企业逐步成为中国出口的主力军。现阶段中国正在加快培育竞争新优势，主要是三大方向：一是进入营销和服务环节，二是进入研发环节，三是生产制造环节由低端向中高端转移，提高产品技术含量和附加值。在比较优势明显改变的条件下，我国企业在全球价值链中的主导地位正在培育和创造，高科技企业发展步伐加快，很有可能替代外资企业成为出口的主力军，中美两大经济体的经贸关系由互补关系转为竞争关系，肯定会产生摩擦和矛盾。

（二）国内经济条件显著变化

1. 传统竞争优势渐行渐远

改革开放40年，中国世界大国的地位是靠着劳动密集型产业支撑起来的，我们所依赖的最主要的竞争优势是劳动力优势，但这种状况正在发生质的变化。一是劳动力的数量明显减少。中国的人口红利正在逐步消失。二是国内综合成本全面持续攀升。劳动力成本、原材料成本、社会保障成本、环保成本、土地成本、资源价格等综合成本全面持续攀升。在全球产业链中，当你的成本超过了你所在环节的利润空间的时候，要么去做和你的成本、你的福利相当的更高附加值环节，要么就会被后来者挤出产业链。今天的中国在大踏步地迈向银发社会，我们已经不能再靠拼体力和新兴国家竞争，那么，我们能不能用我们40年积累的技术和资本跨过中等收入陷阱？20世纪60年代之后的半个世纪中，全世界有100多个国家面临同样的状态，但只有十几个国家完成了升级换代。今天，这种考验轮到我们中国。

2. 新的竞争优势尚未凸显

一是制造业面临升级换代的巨大压力。技术进步的自主创新能力亟待提升。考察一个国家升级换代首先要考察一个国家制造业的技术进步。改革开放40年，中国制造业成就有目共睹，但是，我们不可否认我们的外部依赖是非常显著的。目前，中国领先技术占比仅为17%，并行技术占比31%，跟踪技术占比为52%，自主创新能力亟待提升。二是生产性服务业支撑力度不够。考察产业的升级换代，还要考察其服务业，现代产业发展的一个典型特征就是服务业链条和制造业链条的高度融合，在全球化的产业链上，研发、销售、售后服务都是服务业环节，中间为制造业提供的金融、物流、保险等也都是服务，经济合作与发展组织（OECD）发表一篇报告，调研了全球40个主要国家18个核心产业，服务链条创造的GDP超过70%，意味着对于任何一个国家的产业而言，产业效率支撑更多来自服务业，特别是现代服务业。因而一个国家产业的升级换代，取决于制造业的技术进步，还取决于生产性服务业的有力支撑。十九大报告指出，建设现代化经济体系，要着力加快建设实体经济、科技创新、现代金融、人力资源协同发展的产业体系。

3. 新时代新矛盾对扩大开放提出了新要求

我国社会主要矛盾已经转化为"人民日益增长的美好生活需要和不平衡不充分的发展之间的矛盾"，这是关系全局的重大变化，对新时代扩大开放提出了新要求。目前，中国的产能过剩主要是结构性产能过剩，中低端产能过剩，中高端产能不足，为满足人民日益增长的美好生活需要，客观上要求增加高品质产品和优质服务进口，满足人民群众差异化、个性化需求，增强国内消费品市场的多元化选择。

当前我国经济正处在转变发展方式、优化经济结构、转换增长动力的攻关期，加快向高质量发展阶段迈进。面对国际国内出现的一系列重要变化，持续扩大开放，主动参与经济全球化，将有利于中国建设现代化经济体系，利用国内国际两个市场、两种资源为我国经济发展提供重要支撑。

三、实现中华民族伟大复兴的战略考量

实现中华民族伟大复兴，要着力增强中国经济发展的国际竞争力，在开放的世界中向价值链中高端迈进。开放式创新推动下，各国在全球价值链上的固化状态已经被打破，发展中国家进行梯度性转移和攀升成为常态。我们必须具备国际领先的创新能力，才能真正实现向价值链中高端迈进。十九大报告提出，我们要建设科技强国、质量强国、航天强国、网络强国、交通强国、数字中国、智慧社会，强国目标的实现要求我们必须瞄准世界科技最前沿，具备国际领先的创新能力。而具备国际领先的创新能力，不能闭门造车，要在开放的世界中充分获取全人类的科技成果，广泛吸引全球科技人才，在和世界其他国

家的科技竞争与合作中不断推动科技进步，增强实体经济的核心竞争力。

第二节 推动形成全面开放新格局的思路和重点

党的十九大报告提出的全面开放内涵丰富，"既包括开放范围扩大、领域拓宽、层次加深，也包括开放方式创新、布局优化、质量提升，是习近平新时代中国特色社会主义思想和基本方略的重要内容"。[①] 推动形成全面开放新格局重点是做好五个方面的结合。

一、坚持引进来与走出去更好结合，重点是高质量引进来和量质并举走出去，并要着力防范化解风险

十九大报告指出，"坚持引进来和走出去并重"，做好引进来与走出去相结合的文章是全面开放的重要内涵之一，引进来最重要的是从规模扩张转向质量提升，走出去在量质并举的同时注重防范风险。

改革开放初期基于落后的发展中国家摆脱贫困的迫切要求，为打破"贫困恶性循环"陷阱，我们主要通过大量地招商引资带动经济规模扩张，进而增加就业机会，实现经济发展。我们现在"利用外资不是简单引进资金，更重要的是引进外资搭载的先进技术、经营理念、管理经验和市场机会等，带动我国企业嵌入全球产业链、价值链、创新链。要坚持引资和引技引智并举，提升利用外资的技术溢出效应、产业升级效应，加强在创新领域的各种形式合作，促进经济迈向中高端水平"。[②]

走出去是开放型经济转型升级的必由之路。对中国来说，海外投资的重要性包含两方面。一方面有助于加速结构调整和升级换代。从日本、韩国来看，海外投资对这两个国家升级换代和跨越中等收入陷阱发挥了重要作用。另一方面，构筑全球生产网络，增强企业的国际化经营能力，培育一批世界水平的跨国公司，进而提升国家整合全球资源的能力和效率。"我国拥有强大的产能、适用的技术和较为充裕的外汇，扩大对外投资合作的条件比较成熟"。"提高引进来质量和水平的同时，支持企业积极稳妥走出去，这既有利于保障能源资

[①②] 汪洋：《推动形成全面开放新格局》，引自《党的十九大报告辅导读本》，人民出版社2017年版。

源供应、带动商品和服务输出、获取创新资源和营销网络，助力国民经济提质增效升级，也有利于促进东道国经济和社会发展，实现互利共赢"。① 走出去主要是进行国际产能合作，但今天我们走出去面临的国际环境和20世纪80年代有很大的不同，必须强调要尽国家和企业的社会责任。包括在环境、能源、安全方面，企业所应承担的责任。同时，走出去也面临较大的风险，部分国家政治与安全局势不稳定，面临政治转型且受外来势力影响较大。有的国家民族分裂势力和宗教极端势力影响较大，对内部政治稳定和经济发展带来消极影响，导致投资环境恶化。中国投资主要集中于基础设施建设方面，而基础设施建设面临的投资金额大、周期长，对未来预测和把控难度相当大。

二、坚持沿海开放与内陆沿边开放更好结合，重点是形成陆海内外联动、东西双向互济的开放格局

中国对外开放从沿海起步，1980年设立4个经济特区、1984年推行14个沿海开放城市，东部的率先开放拉动了中国经济30多年的高速增长，但中西部开放却相对滞后。对于任何一个国家来说，地区发展不平衡是客观存在的，但是过度的地区发展不平衡对国家经济发展不利。20世纪60年代，整个东亚地区先是崛起的日本，然后是崛起的亚洲四小龙，然后是崛起的中国、东盟，不同发展水平国家的递次崛起，推进整个东亚地区到今天为止半个世纪的发展和繁荣。而在全球，中国能够在域内实现不同区域的递次崛起，东部的率先开放，拉动中国30多年的高速增长，如果中西部递次崛起，那么中国的大国伟业，中国持续的中高速增长就有了一个非常稳定的基础。随着"一带一路"建设加快推进，中西部地区逐步从开放末梢走向开放前沿，积极"推动内陆和沿边地区从开放的洼地变为开放的高地，形成陆海内外联动、东西双向互济的开放格局，进而形成区域协调发展新格局"②。

三、坚持制造领域开放与服务领域开放更好结合，重点是扩大服务业领域对外开放

制造业是我国开放时间较早、程度较深的领域，也是发展较快、竞争力较

---

①② 汪洋：《推动形成全面开放新格局》，引自《党的十九大报告辅导读本》，人民出版社2017年版。

强的领域。习近平总书记在 2018 年博鳌亚洲论坛开幕式上谈到，在制造业方面，目前中国已基本开放，保留限制的主要是汽车、船舶、飞机等少数行业。现在这些行业已经具备开放基础，下一步要尽快放宽外资股比限制特别是汽车行业外资限制。相比制造业，服务业对外开放相对滞后，产业整体竞争力不强，仍是经济发展和结构升级的"短板"。下一步，重点是扩大服务业领域对外开放。十九大报告明确提出，大幅度放宽市场准入，扩大服务业对外开放。习近平总书记指出在服务业特别是金融业方面，2017 年底宣布的放宽银行、证券、保险行业外资股比限制的重大措施要确保落地，同时要加大开放力度，加快保险行业开放进程，放宽外资金融机构设立限制，扩大外资金融机构在华业务范围，拓宽中外金融市场合作领域。

四、坚持向发达国家开放与向发展中国家开放更好结合，重点是实现出口市场多元化、进口来源多元化、投资合作伙伴多元化

发达国家是我国主要经贸伙伴，我们在坚持向发达国家开放的同时，更重要的是实现市场多元化。2017 年，我国对欧盟、美国和东盟进出口分别增长 15.5%、15.2% 和 16.6%，三者合计占我国进出口总值的 41.8%。同期，我国对俄罗斯、波兰和哈萨克斯坦等国进出口分别增长 23.9%、23.4% 和 40.7%，均高于总体增幅。"一带一路"倡议稳步推进，新兴市场开拓有力。2017 年，我国与"一带一路"沿线国家进出口增长 17.8%，高出我国进出口增速 3.6 个百分点。同期我国与拉美国家进出口增长 22%，与非洲国家进出口增长 17.3%，对新兴市场的开拓卓有成效[1]。同时，国家一系列促进外贸稳增长政策措施效应持续显现，放管服改革逐步深入，国内营商环境不断改善，减负助力取得实效，企业创新能力增强，外贸发展内生动力增强。巩固与发达国家的经贸合作，可以稳定我国开放型经济的基本面。同时，我国与广大发展中国家的经贸联系也日益密切。

五、坚持多边开放与区域开放更好结合，重点是做开放型世界经济的建设者和贡献者

"进入 21 世纪以来，多边贸易体制发展进程受阻，开放水平更高、灵活性

---

[1] "海关总署介绍 2017 年全年进出口情况"，中国政府网，2018 年 1 月 12 日，http://www.gov.cn/xinwen/2018-01/12/content_5255987.htm#1。

更强的区域贸易安排蓬勃发展,成为驱动经济全球化的主引擎"。"报告明确提出,积极参与全球治理体系改革和建设,支持多边贸易体制,促进自由贸易区建设,推动建设开放型世界经济。这既是拓展自身开放空间的需要,也体现了维护国际经济秩序的责任担当"[1]。

第三节 推动形成全面开放新格局的举措

党的十九大报告不仅明确了推动形成全面开放新格局的主要思路,而且规划了对外开放的路线图,提出了一系列新要求新举措。

一、推进"一带一路"建设,打造国际合作新平台

推进"一带一路"建设,一是着眼于加快向西开放,二是着眼于建设海洋强国,贯穿欧亚大陆,对于打造全方位对外开放升级版具有决定性意义。加快推进"一带一路"建设,有利于形成陆海内外联动、东西双向互济的全方位对外开放新格局,让中西部开放和中国整个大国战略相吻合,带动中西部发展,并有效防范化解被边缘化的危险,拓展我们的发展空间。"一带一路"更重要的是站在国家层面,不仅仅是国际产能合作,更重要的是争取主导权、话语权。

(一)努力实现政策沟通、设施联通、贸易畅通、资金融通、民心相通,打造国际合作新平台

1. 政策沟通

主要是外交沟通,现在中国外交的一个重点就是做好"一带一路"建设。"一带一路"建设不是另起炉灶、推倒重来,我们同俄罗斯提出的"欧亚经济联盟"、东盟提出的"互联互通总体规划"、哈萨克斯坦提出的"光明之路"、土耳其提出的"中间走廊"、蒙古国提出的"发展之路"、越南提出的"两廊一圈"、英国提出的"英格兰北方经济中心"、波兰提出的"琥珀之路"等进行协调发展,就是实现战略对接、优势互补。"一带一路"高峰论坛期间,我们同有关国家签署一批对接合作协议和行动计划,各方通过政策对接,实现了"一加一大于二"的效果。

---

[1] 汪洋:《推动形成全面开放新格局》,引自《党的十九大报告辅导读本》,人民出版社2017年版。

2. 设施联通

基础设施建设是中国的强项。设施联通对"一带一路"国家非常重要。如，非洲资源非常丰富，有 54 个国家，劳动力也很便宜，但年轻人的平均失业率却很高，如果非洲像中国当年一样引进外资、搞经济建设、推进工业化进程，将大大有利于经济发展。而基础设施的短板是制约非洲发展的一个最重要的原因。所以，中国在非洲进行"三网一化"建设——高速公路网、高速铁路网、区域航空网和工业化，就是要让发展中国家脱贫致富，让文明共同复兴。

3. 贸易畅通

中国同"一带一路"参与国大力推动贸易和投资便利化，不断改善营商环境。仅哈萨克斯坦等中亚国家农产品到达中国市场的通关时间就缩短了 90%。

4. 资金融通

融资瓶颈是实现互联互通的突出挑战。十八大以来中国外交的一个新变化就是形成新机制。一方面我们积极参与 WTO、世界银行、IMF 等现行国际体系。另一方面，积极建设自己的体系。成立了亚投行、金砖银行、金砖应急基金、丝路基金等，并把它机制化。通过这种机制，中国同"一带一路"建设参与国和组织开展了多种形式的金融合作。现在中国的国家开发银行、亚投行、丝路基金以及金砖国家开发银行等，都给"一带一路"国家很多支持。这些新型金融机制同世界银行等传统多边金融机构各有侧重、互为补充，形成层次清晰、初具规模的"一带一路"金融合作网络。

5. 民心相通

积极开展健康丝绸之路、智力丝绸之路等建设，在科学、教育、文化、卫生、民间交往等各领域广泛开展合作，为"一带一路"建设夯实民意基础，筑牢社会根基。中国政府每年向相关国家提供 1 万个政府奖学金名额，地方政府也设立了丝绸之路专项奖学金，鼓励国际文教交流。各类丝绸之路文化年、旅游年、艺术节、影视桥、研讨会、智库对话等人文合作项目百花纷呈，人们往来频繁，在交流中拉近了心与心的距离。

（二）通过"五通"建设"五路"，推动人类命运共同体建设

（1）与沿线国家增进战略互信，将"一带一路"建成和平之路。

（2）聚焦发展这个根本，大力推动产业合作，拓展金融合作空间，将"一带一路"建成繁荣之路。

（3）提高贸易和投资自由化便利化水平，加强海关、检验检疫、运输物流、电子商务等领域合作，将"一带一路"建成开放之路。

（4）抓住新一轮科技革命和产业变革的机遇，加强创新能力开放合作，将"一带一路"建成创新之路。

（5）建立多层次的人文合作机制，推动教育、科技、文化、体育、卫生、青年、媒体、智库等领域合作，夯实民意基础，将"一带一路"建成文明之路。

"一带一路"提出以后，在国际社会产生强烈反响，已经成为统筹国际国内两个大局的世纪方案；成为将世界的机遇转化为中国的机遇、将中国的机遇转化为世界的机遇，最终实现"两个转化"的重要平台；成为全球最大规模的国际合作平台；成为推动"人类命运共同体"建设的庞大工程。

二、加快贸易强国建设

改革开放40年，我国对外贸易实现了历史性跨越，但大而不强的问题较为突出。主要是创新能力较弱，出口产品质量、档次和附加值不高。报告提出拓展对外贸易，推进贸易强国建设。按照高质量发展的要求，重点推进"五个优化"[①]：

1. 优化国际市场布局

进一步推进"一带一路"贸易畅通，促进贸易自由化便利化，形成更加广泛的贸易伙伴网络，共同做大贸易蛋糕。

2. 优化国内区域布局

支持中西部地区承接外向型产业转移，加大西部开放力度，挖掘中西部地区外贸发展潜力，推动全国对外开放、对外贸易协调发展。中西部地区经济总量占全国45%左右，而进出口只占全国15%，外贸发展潜力非常大。

3. 优化外贸经营主体

支持企业技术创新、制度创新和管理创新，培育一批国际竞争力强的龙头企业和跨国公司。支持中小企业开拓国际市场，增强外贸发展活力。

4. 优化商品结构

着力推动高技术、高品质、高附加值产品和装备制造产品出口，推动外贸走创新发展之路，打造"中国品牌""中国品质"的外贸良好形象。

5. 优化贸易方式

培育贸易新业态新模式。大力发展服务贸易和服务外包，促进服务贸易和

---

① "钟山谈建设贸易强国：重点推进'五个优化'"，看看新闻，2018年3月11日，http://www.kankanews.com/a/2018-03-11/0038365796.shtml?appid=313361。

货物贸易协调发展。

中国服务外包进入了量与质并举转变的新阶段。目前，服务外包业正在进入业务创新和价值创造阶段。2016年，中国信息技术外包、业务流程外包和知识流程外包合同执行金额分别为563.5亿美元、173亿美元和335.6亿美元。高端的知识流程外包同比增速达31.65%，超过同期信息技术外包和业务流程外包。产业向价值链高端升级特征明显。随着"一带一路"的建设和我国传统产业尤其是制造业的转型升级，"一带一路"相关国家服务外包业务加速释放。随着信息服务、智慧城市和新型城镇化等建设的加快，以及大数据、物联网、云计算、移动互联等新技术和新业态的不断涌现，也将进一步释放国内服务外包市场的需求，推动在岸市场规模快速增长。我们的重心不仅是承接服务外包，还是主要的发包国家。中国在知识产权保护方面也在大力提升国际交流合作的水平。一是强化中美、中欧、中日等知识产权工作对话机制。二是加快实施自由贸易区战略，协调推进经贸领域知识产权合作，为企业"走出去"营造更加公平的知识产权保护环境。三是加强与"一带一路"沿线国家和地区的知识产权保护交流合作，优化贸易和投资环境。随着知识产权保护国际化水平的提升，将大大改善中国服务外包产业发展的宏观环境，有助于加快形成发达国家、新兴国家和国内市场"三位一体"的服务外包产业新格局。服务外包是中国新一轮扩大开放的着力点。中国三批11个自由贸易试验区都已把服务外包作为重要发展领域。中国新一轮对外开放的重心在制度变革。中国自贸试验区是为下一轮扩大开放形成可创造、可复制、可推广的体制机制的试验田。为推动高端服务外包业发展，更重要的是加大制度创新力度，营造推动服务外包业快速发展的制度环境[1]。同时，主动扩大进口。内需是中国经济发展的基本动力，也是满足人民日益增长的美好生活需要的必然要求。中国不以追求贸易顺差为目标，真诚希望扩大进口，促进经常项目收支平衡。2018年11月，将在上海举办首届中国国际进口博览会，打造世界各国展示国家形象、开展国际贸易的开放型合作平台。

三、打造对外开放新高地

（一）东部地区发展更高层次的开放型经济

以浙江为例[2]，形成"1+1+5"对外开放政策体系，发展更高层次的开

---

[1] 孔祥荣：《国际服务外包的制度因素分析与制度构建研究》，人民出版社2017年版。
[2] "省委书记车俊在全省对外开放大会上的讲话（全文）"，浙江在线，2018年5月9日，http://zjnews.zjol.com.cn/gaoceng_developments/cj/newest/201805/t20180509_7218900.shtml。

放型经济:第一个"1"即《关于以"一带一路"建设为统领、构建全面开放新格局的意见》;第二个"1"即《打造"一带一路"枢纽行动计划》;"5"即促进外资增长、培育外贸竞争新优势、推进工业和信息化全球精准合作、提升人才国际化水平、加强境外安全保障配套等5方面政策,其共有三大亮点:

1. 开拓建设"21世纪数字丝绸之路"

习近平总书记在全国网信工作会议上,明确提出建设"21世纪数字丝绸之路"。浙江数字经济全国领先,着力开拓建设"21世纪数字丝绸之路"。一是建设现代物流枢纽。以海港、陆港、空港、信息港为关键支点,打造海上、陆上、空中、网上四位一体的国际大通道,率先在建设现代物流枢纽上取得突破。二是打造国际科创产业合作高地。围绕数字经济"一号工程"和重点传统产业改造提升,瞄准全球创新资源富集地区,布局建设海外创新孵化中心,推动创新能力开放合作持续健康发展。三是先人一步打造以数字贸易为标志的新型贸易中心。重点包括:争取设立中国(义乌)跨境电商综试区,形成与杭州、宁波综试区的联动和互补优势,合力建设全球电子商务核心功能区;鼓励和支持阿里巴巴以市场化方式推进电子世界贸易平台全球化布局,推动平台秘书处落户杭州,建设杭州电子世界贸易平台实验区;高质量办好全球金融科技创新博览大会,充分挖掘大会衍生价值,加快建设杭州全球金融科技中心;进一步打响世界互联网大会品牌,深化乌镇互联网创新发展试验区建设,办好联合国世界地理信息大会,支持杭州申办"21世纪数字丝绸之路"国际峰会,为我国参与全球数字经济治理提供支撑。四是全力建设新时代高能级开放平台。充分发挥"大事件"对提高国际知名度、增强国际影响力的重要促进作用。举全省之力承办G20杭州峰会,成功承办四届世界互联网大会,谋划打造"一带一路"枢纽,大力推进自贸试验区等平台建设,大大提升了浙江在世界的影响力和美誉度,将浙江对外开放推到了一个新高度。

2. 发展更高层次的开放型经济

主要是加强两大格局建设,即优进优出的国际贸易格局,以及引进来和走出去并重的国际投资格局。具体包括四高基地建设。一是建设高品质产品产销基地。加快培育进口商品"世界超市",把握我国主动扩大进口的机遇,积极承接上海中国国际进口博览会的溢出效应,重点打造若干具有国际影响力的进口商品展销平台:杭州发挥电商之都优势,建设进口商品展销中心和特色街区;宁波依托中国—中东欧投资贸易博览会,建设以中东欧为特色的进口商品展销平台;温州举办国际时尚产品博览会,建设浙南闽北赣东进口商品集散中心;义乌发挥小商品之都、"义新欧"班列等优势,建设大型进口商品展销区和特色馆；舟山依托中澳现代产业园、国家级远洋渔业基地，建设国际农产品贸易中心。二是建设高质量外资集聚地，在提高外资质量上下功夫。重点盯引综合实力突出的"旗舰型"企业、竞争力强劲的行业"领头羊"、细分领域的"隐形冠军"、高科技的"独角兽"。培育以数字经济为标志的世界级先进产业集群，以此推动现代产业高地、"互联网＋"科创高地目标的实现，在掌握高端制造和数字经济核心技术上走在前列。东部沿海城市正从世界加工厂向世界先进制造城市转变。三是建设高水平对外投资策源地。四是建设高层次人才创业地。坚持培育国际化人才和引进海外人才两手抓。加强本土人才国际化能力建设；面向全球，创新海外引才方式，努力在引进海外高层次人才方面取得重大突破。完善国际化人才创业创新服务体系，高标准建设"千人计划"产业园和海外人才离岸创新创业基地，打造全球人才追逐梦想、实现梦想的理想创业地。优化国际化人才管理服务，消除人才国际流动的体制机制障碍，加强国际教育、国际医疗、国际社区建设，打造全球人才创造美好生活、享受美好生活的理想居住地。从青年入手、从学生做起，把教育合作放在更加突出位置，大力引进国际知名院校合作办学，广泛吸引更多海外学生接受学历教育，进一步打响"留学浙江"品牌。充分发挥世界浙商作用，引导华商回归发展，依托华商开展国际精准合作，促进浙江经济与浙江人经济联动发展。

3. 打造国际一流营商环境

全面深化对外开放领域"最多跑一次"改革。加快建成国内领先的国际贸易"单一窗口"，在确保 2018 年整体通关时间压缩 1/3 以上的基础上，到 2020 年再压缩 1/3 以上，力争贸易便利化程度率先达到世界先进水平。全面实行准入前国民待遇加负面清单管理制度，让外资"准入之门"更加宽敞、开办企业更加便利，同等享受企业投资项目"最多跑一次""最多 100 天"改革成果。深化出入境管理、外国人管理服务等领域改革，让群众办理涉外民生事项最大限度感受到方便快捷。瞄准"国际一流"目标，对标国际最佳实践，聚焦企业办事的痛点堵点难点，持续深化制度创新和技术变革，不断降低企业办事全流程的时间和费用，加快建成营商环境最优省。

浙江的实践是东部沿海地区进一步扩大开放，加快发展更高层次开放型经济的典型案例。东部沿海地区在改革开放 40 年率先发展的基础上，正处于向高质量发展阶段迈进的关键期，更好地利用国际国内两个市场、两种资源，将有助于促进经济转型升级。

（二）中西部地区打造对外开放新高地

以重庆为例，通过大集聚、大物流打造内陆地区对外开放新高地。

1. 以承接加工贸易实现产业大集聚，进而延伸产业链，提升价值链，形成世界级电子产业基地

加工贸易的最大特点是两头在外，原材料、零部件在外，销售在外。大进大出的物流结构特点决定了它一般只能在沿海，放在内陆会大大增加物流成本，无法进行。所以过去几十年，中国加工贸易几乎99%在沿海，内陆几乎是零，由于中国沿海劳动力成本上升，最近几年，不少加工贸易订单转到越南等东南亚国家，也都是在沿海方便大进大出的地区。

重庆通过产业集聚，使得加工贸易成功向内陆地区转移。沿海加工贸易的特点是产业链很短，原材料、零部件在外（占整个电脑产值的50%），销售在外（物流销售环节占电脑产值的20%），还有15%是品牌商的研发设计和售后服务，只留下总装部分15%左右增加值。重庆通过"5+6+860"模式，把5大品牌商，6大整机商，860多家零部件厂商集聚在重庆，延长产业链条，把70%的产值留在重庆。中国制造的笔记本电脑占全球2/3，重庆占1/3，沿海占1/3，一个世界级的笔记本电脑基地在重庆诞生，形成新的区位竞争优势。

2. 依托"一带一路"打造国际物流大通道，助推世界级电子产业基地的快速发展

重庆作为西部地区，与其他内陆地区一样，原来依赖于沿海地区走向世界。但在和惠普以及中国台湾、日本企业合作中发现，全球网络终端产品中，40%的销售市场在欧洲，30%的在美国、加拿大、巴西等地区，还有30%在东南亚、日本、韩国、中国等地区。要打造世界级电子产品基地，重庆就要解决产品运到欧洲的问题。如果从重庆运到广东，再从广东海运到欧洲，需要一个半月甚至两个月的时间，重庆没有优势。通过积极工作，重庆得到了国家有关部门的支持，打通了渝新欧铁路。渝新欧得到了五个特许。一是赋予渝新欧火车站国家一类口岸。二是国家批准渝新欧火车站增加了一个保税物流园区。三是赋予渝新欧中欧邮政班列的功能，推动跨境电子商务快速发展。四是赋予渝新欧专门的欧洲食品、肉类进口的口岸功能。五是赋予渝新欧汽车整车进口口岸功能。2013年，中国提出"一带一路"倡议后，渝新欧成为丝绸之路经济带欧亚大陆桥的一个主要通道，又进一步推动了渝新欧的发展。此外，重庆又进一步推动航空运输、长江航运，形成了水陆空三个国家级枢纽、三个一类口岸、三个保税区的三个"三合一"。有这个特征的省市，重庆是唯一的。由此，重庆实现了由内陆腹地到开放前沿的华丽嬗变。由于这些开放的条件，使得重庆的外资企业大量入驻，进出口贸易大幅增长，在内陆地区名列前茅。

四、完善体制机制，建立国内外企业公平竞争的营商环境

经过改革开放40年的发展，我国各类产业已经获得较为充分的发展，产业体系比较完备，不必再过于担忧外资企业对我国产业安全造成的威胁，也不用通过过度优惠的政策来吸引外资以促进国内产业发展。对国内企业过多保护，反而会阻碍国内企业竞争力提升。对外资企业过多优惠，反而会吸引低效率外资企业来投资。建立国内外企业和产品可以公平竞争的营商环境，一方面可以吸引真正有竞争力的外资企业到我国来投资，另一方面可以使我国企业在国内市场上就直面国际竞争，促进我国企业国际竞争力的提升。

习总书记在博鳌亚洲论坛指出，要创造更有吸引力的投资环境。投资环境就像空气，空气清新才能吸引更多外资。过去中国吸引外资主要靠优惠政策，现在要更多靠改善投资环境。我们将加强同国际经贸规则对接，增强透明度，强化产权保护，坚持依法办事，鼓励竞争，反对垄断。2018年3月，我国组建了国家市场监督管理总局等新机构，对现有政府机构做出大幅度调整，坚决破除制约市场在资源配置中起决定性作用、更好发挥政府作用的体制机制弊端。上半年，我们完成修订外商投资负面清单工作，全面落实准入前国民待遇加负面清单管理制度，建立法治化、国际化、便利化的营商环境。

五、创新对外投资合作方式

十九大报告指出"创新对外投资方式，促进国际产能合作，形成面向全球的贸易、投融资、生产、服务网络，加快培育国际经济合作和竞争新优势"。从目前中国企业走出去的现状来看，我们利用国际国内两个市场、两种资源的能力还不够强，还存在非理性投资和经营不规范等突出问题，在许多领域还存在风险隐患。我们"一是促进国际产能合作，带动我国装备、技术、标准、服务走出去。二是加强对海外并购的引导，重在扩大市场渠道、提高创新能力、打造国际品牌，增强企业核心竞争力。三是规范海外经营行为，引导企业遵守东道国法律法规、保护环境、履行社会责任，遏制恶性竞争。四是健全服务保障，加强和改善信息、法律、领事保护等服务，保障海外人员安全，维护海外利益"[①]。

---

① 汪洋：《推动形成全面开放新格局》，引自《党的十九大报告辅导读本》，人民出版社2017年版。

参考文献

[1]《党的十九大报告辅导读本》,人民出版社2017年版。

[2] 孔祥荣:《国际服务外包的制度因素分析与制度构建研究》,人民出版社2017年版。

[3] 潘悦:《新时代中国引进外资的新态势》,载《理论视野》2017年第12期。

[4] 潘悦:《在全球化变局中构建中国对外贸易新优势》,载《国际贸易》2017年第10期。

[5] "省委书记车俊在全省对外开放大会上的讲话(全文)",浙江在线,2018年5月9日,http://zjnews.zjol.com.cn/gaoceng_developments/cj/newest/201805/t20180509_7218900.shtml。

[6] 汪洋:《推动形成全面开放新格局》,载《人民日报》2017年11月10日。

[7] 习近平:《习近平谈治国理政》(第二卷),外文出版社2017年版。

[8] 叶辅靖:《推动形成全面开放新格局:重大意义、科学内涵、主要难点及举措》,载《前沿》2008年第1期。